文化兴城

北京文化产业影响经济发展的路径机制

罗荣华 著

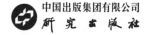
中国出版集团有限公司
研究出版社

图书在版编目 (CIP) 数据

文化兴城：北京文化产业影响经济发展的路径机制 /
罗荣华著 . –– 北京：研究出版社 , 2023.3

ISBN 978-7-5199-1120-1

Ⅰ . ①文… Ⅱ . ①罗… Ⅲ . ①文化产业—关系—经济
发展—研究—北京 Ⅳ . ① G127.1 ② F127.1

中国版本图书馆 CIP 数据核字 (2022) 第 205561 号

出 品 人：赵卜慧
出版统筹：丁 波
责任编辑：寇颖丹

文化兴城
WENHUA XINGCHENG

北京文化产业影响经济发展的路径机制
罗荣华 著

研究出版社 出版发行

（100006 北京市东城区灯市口大街 100 号华腾商务楼）

北京隆昌伟业印刷有限公司 新华书店经销

2023 年 3 月第 1 版 2023 年 3 月第 1 次印刷

开本：710 毫米 ×1000 毫米 1/16 印张：15.75

字数：217 千字

TSBN 978-7-5199-1120-1 定价：78.00 元

电话（010）64217619 64217652（发行部）

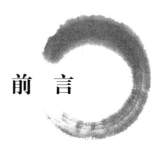

前　言

　　文化是一个民族的基因，能够引领国民的价值取向，在城市经济社会发展中起着不可替代的作用，既可以促进城市经济增长、优化城市产业结构，又可以提升城市形象、增强城市软实力。北京是世界历史文化名城，具有3000多年的建城史和800多年的建都史，历史文化积淀深厚，在发展文化产业方面具有得天独厚的优势。2005年，北京市明确提出将文化产业作为支柱产业进行发展，并相继出台一系列政策措施进行重点扶持。在此背景下，北京市文化产业快速蓬勃发展，产业规模持续增加，成为首都经济中仅次于金融业的第二大支柱产业。在此过程中，北京市不断加强城市发展的顶层设计和规划，从"十一五"期间的首都功能核心区、城市功能拓展区、城市发展新区和生态涵养区等4个功能区域发展规划，到"十二五"提出的科技创新和文化创新的"双轮驱动"战略，再到2014年2月26日习近平总书记在听取了京津冀协同发展专题汇报后提出的将北京建设为政治中心、文化中心、国际交往中心与科技创新中心。综观这些顶层设计，我们不难发现城市发展的顶层设计都是聚焦到文化产业的发展上。在此背景下，本书力求研究文化产业影响经济增长的机制，以及文化产业对北京经济的带动作用，并在此基础上提出促进北京文化产业发展的策略措施。

本书共十三章：第一章主要概述了北京城的状况，包括历史、由来；第二章介绍了北京所拥有的自然资源状况；第三章分析了北京社会事业的发展状况；第四章描述了北京交通运输的便利性；第五章展现了北京的历史文化发展；第六章阐述了北京教育事业的发展；第七章从产业规模、结构和增速等方面分析了北京的经济发展情况；第八章从图书、期刊、报纸、影视、录音录像、文化馆、博物馆、档案馆、文化创意产业等方面阐述了北京文化产业的发展状况；第九章分析了文化产业和北京经济增长的相关性；第十章首先分析了文化产业影响经济增长的机制，随后研究了文化产业对北京经济增长的影响；第十一章首先分析了文化产业优化产业结构的机制，随后研究了文化产业对北京产业结构优化和高端化的效果；第十二章首先分析了空间溢出效应的载体、路径和动力机制，随后研究了北京文化产业之间、文化产业与经济增长之间的空间溢出效应；第十三章从总体思路、基本原则、发展目标、发展策略和保障措施等方面阐述了北京文化产业的发展策略。

目　录

< 1 >

< 2 >

< 4 >

第一章

追踪北京

北京，简称"京"，古称燕京、北平，是中华人民共和国首都、省级行政区、直辖市、国家中心城市、超大城市，国务院批复确定的全国政治中心、文化中心、国际交往中心、科技创新中心。截至 2018 年，全市下辖 16 个区，总面积 16410.54 平方公里，建成区面积 1485 平方公里。截至 2019 年末，常住人口 2153.6 万人，城镇人口 1865 万人，城镇化率 86.6%。

一、历史沿革

（一）名称由来

北京是一座有着 3000 多年历史的古都，在不同的朝代有着不同的称谓。

燕都。据史书记载，公元前 11 世纪，周武王灭商以后，在燕封召公。燕都因古时为燕国都城而得名。战国七雄中有燕国，据说是因临近燕山而得国名，其国都称为"燕都"。

幽州。远古时代的九州之一。幽州之名，最早见于《尚书·舜典》："燕曰幽州。"两汉、魏、晋、唐代都曾设置幽州，所治均在北京一带。

京城。泛指国都，北京成为国都后，也多将其称为京城。

南京。辽太宗会同元年（938 年），将原来的幽州升为幽都府，建号南京，又称燕京，作为辽的陪都。当时辽的首都在上京（今内蒙古巴林左旗）。

大都。元代以金的离宫今北海公园为中心重建新城，元世祖至元九年

（1272 年）改称大都，俗称元大都。

北平。明代洪武元年（1368 年），朱元璋灭掉元朝后，为了记载平定北方的功绩，将元大都改称北平。

北京。明永乐元年（1403 年），明成祖朱棣永乐皇帝取得皇位后，将他做燕王时的封地北平府改为顺天府，建北京城，并准备迁都城于此，这是正式命名为北京的开始，距今已有 600 余年的历史。

京师。明成祖于永乐十九年（1421 年）正式迁都北京，改称京师，直至清代。

京兆。民国废顺天府，置京兆地方，直隶中央，其范围包括北京大部分地区，民国十七年（1928 年）废京兆地方，改北京为北平。

（二）建制沿革

早在西周初年，周武王即封召公于北京及附近地区，称燕，都城在今北京房山区的琉璃河镇，遗址尚存。又封黄帝之后人于蓟，在今北京西南。后燕国灭蓟国，迁都于蓟，统称为燕都或燕京。秦代设北京为蓟县，为广阳郡郡治。汉高祖五年，被划入燕国辖地。元凤元年（前 80 年）复为广阳郡蓟县，属幽州。本始元年（前 73 年）因有帝亲分封于此，故更为广阳国首府。东汉光武改制时，置幽州刺史部于蓟县。永元八年（96 年）复为广阳郡驻所。西晋时，朝廷改广阳郡为燕国，而幽州迁至范阳。十六国后赵时，幽州驻所迁回蓟县，燕国改设为燕郡。历经前燕、前秦、后燕和北魏而不变。

隋开皇三年（583 年）废除燕郡。大业三年（607 年），隋朝改幽州为涿郡。

唐初武德年间，涿郡复称为幽州。贞观元年（627 年），幽州划归河北道，后成为范阳节度使的驻地。安史之乱期间，安禄山在北京称帝，建国号

为"大燕"。唐朝平乱后，复置幽州，归卢龙节度使节制。五代初期，军阀刘仁恭在此建立地方政权，称燕王，后被后唐消灭。

北宋初年宋太宗在高梁河（今北京海淀区）与辽战斗，北宋大败，对燕云十六州从此望眼欲穿；辽于会同元年（938年）起在北京地区建立了陪都，号南京幽都府，开泰元年（1012年）改号析津府。金朝贞元元年（1153年），金朝皇帝海陵王完颜亮正式建都于北京，称为中都，在今北京市西南。

成吉思汗麾下大将木华黎于嘉定八年（1215年）攻下北京，遂设置燕京路大兴府。元世祖至元元年（1264年）改称中都路大兴府。至元九年（1272年），中都大兴府正式改名为大都路（突厥语：Khanbalik，意为"汗城"，音译为汗八里、甘巴力克），也就是元大都。元大都成为全中国的交通中心。从这一时期起，北京成为中国的首都。

明朝初年，以应天府（今南京）为京师，大都于洪武元年（1368年）八月改称为北平府，同年十月应军事需要划归山东行省。洪武九年（1376年），改为北平承宣布政使司驻地。燕王朱棣经靖难之变夺得皇位后，于永乐元年（1403年）改北平为北京，如今的北京也从此得名。永乐十九年（1421年）正月，明朝中央政府正式迁都北京，以顺天府北京为京师，应天府则作为留都称南京。明仁宗、英宗的部分时期，北京还曾一度降为行在，京师复为南京应天府。

清兵入关后即进驻北京，也称北京为京师顺天府，属直隶省。清咸丰十年（1860年），英法联军打进北京并签订《北京条约》。清光绪二十六年（1900年），八国联军再次打进北京，大量文物被侵略军和匪盗劫掠。1901年清政府在京与十一个国家签署了《辛丑条约》。

辛亥革命后的民国元年（1912年）1月1日，中华民国定都南京，同年3月迁都北京，直至民国十七年（1928年）中国国民党北伐军攻占北京，张作霖败回东北，北洋政府下台。民国伊始，北京的地方体制仍依清制，称顺天府。直至民国三年（1914年），改顺天府为京兆地方，范围规格与顺天府大致相同，直辖于北洋政府。民国十七年（1928年）六月，北伐战争后，首都迁

< 5 >

回南京，撤销原京兆地方，北京改名为北平特别市，后改为北平市，隶属南京国民政府行政院。民国十九年（1930年）6月，北平降格为河北省省辖市，同年12月复升为院辖市。民国二十六年（1937年）七七事变后，北平被日本占领，伪中华民国临时政府在此成立，且将北平改名为北京。民国三十四年（1945年）8月21日，入侵北京的日本军队宣布投降，第十一战区孙连仲部接收北京，并重新更名为北平。北平市所辖范围较之前顺天府、京兆地方及北京市小，大致包括今西城区、东城区全境，朝阳区大部、海淀区南半部、石景山区南部和丰台区北半部。1949年1月，在原国民党时期20个区的基础上临时划定32个区，4月将32个区合并为26个区，6月调整为20个区。

1949年1月31日，傅作义与中国共产党达成和平协议，率部接受改编，北平和平解放。1949年9月27日中国人民政治协商会议第一届全体会议通过《关于中华人民共和国国都、纪年、国歌、国旗的决议》，北平更名为北京。1949年10月1日，中华人民共和国中央人民政府在北京宣告成立。1952年，北京市由华北行政委员会领导。7月，将河北省宛平县全部及房山、良乡2县部分地区划归北京市。1956—1958年，将河北省昌平、良乡、房山、大兴、通县、顺义、平谷、密云、怀柔、延庆等县划归北京市，形成今北京市行政区域。

1956年3月9日，撤销昌平县，将昌平县所属行政区域（高丽营镇除外）划归北京市，并命名为昌平区。将河北省通县所属的金盏、长店、北皋、孙河、崔各庄、上新堡、前苇沟等7个乡归北京市。1958年3月，河北省通县专区所属通县、顺义、大兴、良乡、房山5县及通州市划入北京市。其后陆续撤销西单、西四两区，合并设立西城区；撤销东单、东四二区，合并设立东城区；撤销前门区，并入崇文、宣武二区；东郊区改名为朝阳区；撤销石景山区，分别划归丰台区、海淀区和门头沟区；京西矿区改名为门头沟区；撤销通县和通州市，合并设立通州区；撤销良乡、房山二区，合并设立周口店区；撤销大兴县，改为大兴区；撤销南苑区，划归朝阳区、丰台区和大兴区；撤销顺义县，改为顺义区。

1958 年 10 月，河北省所属怀柔、密云、平谷、延庆 4 县划入北京市。1960 年 1 月 7 日，撤销昌平区，恢复昌平县；撤销顺义区，恢复顺义县；撤销通州区，恢复通县；撤销大兴区，恢复大兴县；撤销周口店区，恢复房山县。至 1960 年底，北京市下辖东城、西城、宣武、崇文、海淀、朝阳、丰台、门头沟 8 区和昌平、延庆、怀柔、密云、顺义、平谷、通县、大兴、房山 9 县。

1967 年 8 月 7 日，撤销石景山办事处，设立石景山区。1980 年 10 月 20 日，设立燕山区。1986 年 11 月 11 日，撤销房山县、燕山区，设立房山区。以原房山县和燕山区的行政区域为房山区的行政区域。1997 年 4 月 29 日，经国务院（国函〔1997〕30 号）批准，同意撤销通县，设立通州区，以原通县的行政区域为通州区的行政区。1998 年 3 月 3 日，经国务院（国函〔1998〕17 号）批准撤销顺义县，设立北京市顺义区，以原顺义县的行政区域为顺义区的行政区域。1999 年 9 月 16 日，北京市撤销昌平县，设立昌平区。2001 年 3 月 2 日，北京市撤销大兴县，设立大兴区。2002 年 2 月 7 日，北京市撤销怀柔、平谷两县，设立北京市怀柔区、平谷区。2010 年 7 月 1 日，北京市撤销原东城区、崇文区，设立新的北京市东城区；撤销北京市原西城区、宣武区，设立新的北京市西城区。2015 年 11 月 17 日，北京市撤销密云、延庆两县，设立北京市密云区、延庆区。至此，北京告别县治时代。

二、行政区划

行政区划即地方行政建制的设置及其区域划分，是管理国家的重要组织形式。行政区划设置是否科学合理，关系到国家管理效能及其经济社会发展，因而历来为国家管理者所重视。

北京（行政区划代码：110000），简称"京"，古称燕京、北平，位于北纬 39°56′、东经 116°20′，地处中国北部、华北大平原的北部，东面与天津市毗连，其余均与河北省相邻，是中华人民共和国的首都。

北京市从 1996 年起，全面启动了勘界工作。截至 2020 年，北京市下辖 16 个市辖区，即东城区、西城区、朝阳区、丰台区、石景山区、海淀区、顺义区、通州区、大兴区、房山区、门头沟区、昌平区、平谷区、密云区、怀柔区、延庆区（见表 1-1）。目前行政区划管理工作已成为推进国家治理体系和治理能力现代化的重要内容，要在实践中不断提高行政区划界线管理法制化、规范化水平。

表 1-1　北京市行政区划（2020 年）　　　　单位：个

地区	街道办事处	建制镇	建制乡	社区居委会	村民委员会
全市	165	143	35	3235	3887
东城区	17	0		177	
西城区	15	0		259	
朝阳区	24	0	19	492	144
丰台区	24	2		338	57
石景山区	9	0		148	0
海淀区	22	7		584	63
门头沟区	4	9		123	178
房山区	8	14	6	160	459
通州区	11	10	1	123	470
顺义区	6	19		139	426
昌平区	8	14		240	301
大兴区	8	14		233	527
怀柔区	2	12	2	35	284
平谷区	2	14	2	42	272
密云区	2	17	1	93	330
延庆区	3	11	4	49	376

数据来源：中共北京市委社会工作委员会、北京市民政局

（一）东城区

北京市东城区（行政区划代码：110101），因地处北京城中轴线东侧而

得名，东、北与朝阳区接壤，南与丰台区相连，西与西城区毗邻，是北京市辖区、北京市中心城区、首都功能核心区。截至 2021 年，东城区下辖 17 个街道，常住人口为 70.9 万人。东城区人民政府驻景山街道钱粮胡同 3 号。

东城区位居北京市核心位置，历史悠久，从秦汉至隋唐五代，区境皆为蓟县地。辽、金朝代均为都城东北部。元代定都大都，今东城区位于大都城东半部。明代永乐年间定都北京，东城区为内城东半部。清代属大兴县，为八旗中四个旗所在地。清末新政时更改建制设区。1949 年北平和平解放后，将原有 32 个区调整为 20 个区，其中第一区、第三区全部及第十区、第十七区、第十八区部分在今区内。1950 年调整为 16 个区后，与东城区相关的有第一区、第三区及第十区部分。1952 年经市人民政府批准，第一区更名为东单区，第三区更名为东四区。1958 年经国务院批准，撤销东单、东四两区，合并为东城区，形成今日区境。2010 年 6 月，东城区、崇文区合并，仍名东城区。

东城区是北京文物古迹最为集中的区域，拥有国家级文物保护单位 16 处，市级文物保护单位 60 处，占北京市国家级文物总量的 37%，如故宫、人民英雄纪念碑、毛主席纪念堂、中山公园、劳动人民文化宫、雍和宫、国子监、孔庙、钟楼、鼓楼等。该区有众多展馆及饭店，著名的有中国国家博物馆、中国美术馆、北京工人体育馆、北京饭店等，向世人展示着国际大都市的风采。该区还有北京城区最完整的北京民居，位于地安门大街东侧的胡同群，是北京市最大的民居地区，具有浓厚的古都文化底蕴。

东城区是传统的商业中心区，经过多年的努力，现已形成零售商业、服装业、餐饮业、医药业、服务修理业五大支柱产业。食品加工业、旅游业等新兴产业也初见规模。东城区不仅有坐落在王府井步行商业街上的东方广场、北京百货大楼、新东安市场等现代化商业服务设施，同时还有众多的老字号企业，如吴裕泰茶庄、全素斋、盛锡福帽店等。2021 年，东城区实现地区生产总值（GDP）3193.1 亿元，其中，第二产业实现增加值 92.6 亿元，第三产业实现增加值 3100.4 亿元。

（二）西城区

北京市西城区（行政区划代码：110102），隶属北京市，位于北京中心城区西部，东与东城区相连，北与海淀区、朝阳区毗邻，西与海淀区、丰台区接壤，南与丰台区相连。西城区区境东西宽7.1公里，南北长11.2公里，总面积50.70平方公里。截至2021年，西城区下辖15个街道，常住人口为110.4万人。西城区政府驻金融街街道二龙路。

西城区地处北京市核心地区，从秦汉至隋唐五代，区境皆为蓟县地。辽为南京城东北郊，金为中都城东北隅和东北郊，元为大都城西半部，明、清为北京内城西半部。1928年北京内城警区分为六个，其中内二区、内四区全部及内五区、内六区之西部分在今区境。1949年北平市辖区调整，由32个区调整为20个区，其中第二区、第四区全部以及郊区第十六区一部在今区境。1950年经政务院批准，将20个区调整为16个区，与今西城区有关的区有第二区、第四区全部及第十三区、第十四区一部分。1952年经市人民政府批准，第二区更名为西单区，第四区更名为西四区。1958年经国务院批准，撤销西单区和西四区，合并成立西城区。1987年经市人民政府批准，将朝阳区裕民路以南的裕中东里、裕中西里及西黄寺（不含）以西地区划归西城区。2010年6月28日，经国务院批复，撤销北京西城区和宣武区，设立新的西城区，以原西城区、宣武区的行政区域为新西城区的行政区域，至此形成现今区境。

西城区是战国燕都蓟城所在地，辽、金、元、明、清历代均为京都一部分。作为北京3000多年的建城地和800多年的建都地，是皇家文化和民俗文化的融合区，是皇城文化、仕子文化、民俗文化、宗教文化等各种文化高度融合的区域。西城区风景名胜众多，著名的景点有月坛公园、历代帝王庙、陶然亭公园、北京大观园、醇亲王花园、恭王府花园等。

2021年，西城区实现地区生产总值5408.1亿元，比2020年增长8.1%。其中，第二产业实现增加值274.7亿元，比2020年增长4.5%；第三产业实

< 10 >

现增加值 5133.4 亿元，比 2020 年增长 8.3%，占地区生产总值的比重达到 94.9%。

（三）朝阳区

北京市朝阳区（行政区划代码：110105），隶属北京市，是北京市主城六区之一，位于北京市的东部，西与东城区、丰台区、海淀区相毗邻，北连昌平区、顺义区，东与通州区接壤，南与大兴区相邻，总面积 470.8 平方公里，平均海拔 34 米。

1959 年，顺义区境的首都机场地区划入朝阳区管辖。1987 年，市政府将安贞里街道、安华里街道辖域内 0.6 平方公里及裕民路以南的裕中东里、裕中西里以及西黄寺西地区划归西城区管辖。1988 年 4 月，将农场局家委会等 6 个居（家）委会移交西城区德外办事处。其后辖域无变化。截至 2021 年 10 月，朝阳区辖 24 个街道 19 个地区，常住人口为 344.9 万人。朝阳区人民政府驻朝外街道日坛北街 33 号。

朝阳区是全国城市医疗联合体建设试点城市（区）、第四批中央财政支持开展居家和社区养老服务改革试点地区、国家新型工业化产业示范基地、第一批全国法治政府建设示范地区、全国双拥模范城（县）。2021 年，朝阳区实现地区生产总值 7617.8 亿元，同比增长 7.5%，三次产业结构为 0.04 : 6.86 : 93.10。2021 年 9 月，入选"国家智能社会治理实验基地"名单。2022 年 4 月，入选义务教育优质均衡先行创建县（市、区、旗）名单。

（四）丰台区

北京市丰台区（行政区划代码：110106），隶属北京市，是北京市主城六区之一，位于北京市南部，东面与朝阳区接壤，北面与东城区、西城区、

< 11 >

海淀区、石景山区接壤，西北面与门头沟区，西南面与房山区，东南面与大兴区接壤。截至 2021 年末，丰台区常住人口 201.5 万人。

1952 年，撤销宛平县，成立丰台区、南苑区、石景山区，隶属北京市。1958 年，南苑区、石景山区大部并入丰台区。1963 年 7 月，成立市属的石景山办事处。1967 年 8 月，石景山区建制恢复，石景山公社划出丰台区。2019 年，丰台区下辖 14 个街道 5 个地区 2 个镇。2021 年 7 月 11 日，丰台区行政区划调整：新设 6 个街道，分别是玉泉营街道、看丹街道、五里店街道、青塔街道、成寿寺街道和石榴庄街道；撤销 5 个地区办事处，分别是宛平城地区办事处、卢沟桥乡地区办事处、花乡地区办事处、方庄地区办事处、南苑乡地区办事处。2021 年 12 月，丰台区已经完成街乡镇行政区划，由 21 个街乡镇调整为 26 个街镇，完成行政区划调整后，增加了 5 个街道，街道辖区面积不小于 3 平方公里，辖区人口均不少于 5 万人，不超过 13 万人。截至 2021 年 10 月，丰台区辖 24 个街道 2 个镇。丰台区人民政府驻丰台街道文体路 2 号。

永定河从丰台区穿流而过，将丰台分为河东、河西两大地区，沿河由北向南形成了莲石湖、园博湖、晓月湖、宛平湖。丰台区境内风景名胜众多，著名的景点有北京园博园、中国人民抗日战争纪念馆、大葆台西汉墓博物馆、莲花池公园、中国园林博物馆、北京欢乐水魔方嬉水乐园等。

2021 年，丰台区实现地区生产总值 2009.7 亿元，其中，第一产业增加值 0.7 亿元，第二产业增加值 328.9 亿元，第三产业增加值 1680.1 亿元，三次产业结构为 0.04：16.4：83.6。按常住人口计算，全区人均地区生产总值达到 10 万元。

（五）石景山区

北京市石景山区（行政区划代码：110107），隶属北京市，是北京六个

< 12 >

主城区之一，因"燕都第一仙山——石景山"而得名，自古就是京西历史文化重镇。地处北京西部，位于长安街西段，最东端距天安门 14 公里，总面积 85.7 平方公里。

1952 年，撤销宛平县，成立丰台区、南苑区、石景山区，隶属北京市。1958 年，南苑区、石景山区大都并入丰台区。1963 年，石景山区从丰台区分出成立石景山，1967 年建为石景山区。2005 年，石景山区辖 9 个街道：鲁谷街道、八宝山街道、老山街道、八角街道、古城街道、苹果园街道、金顶街街道、广宁街道、五里坨街道。2021 年，石景山区下辖 9 个街道，截至 2021 年末，石景山区常住人口 56.6 万人。石景山区人民政府驻鲁谷街道石景山路 18 号。

石景山区区域内山地面积占 23%，城市绿化覆盖率为 47.09%，人均拥有公共绿地面积达 73.89 平方米，居北京市城区首位，是北京市城区中山林资源最丰富、绿化覆盖率最高、人均拥有公共绿地最多的地区。2021 年，石景山区实现地区生产总值 959.9 亿元，按不变价格计算，比 2020 年增长 9.2%。其中，第二产业增加值 158.2 亿元，增长 12.0%；第三产业增加值 801.7 亿元，增长 8.7%。按常住人口计算，全区人均地区生产总值为 16.9 万元。

（六）海淀区

北京市海淀区（行政区划代码：110108）因区政府驻地海淀镇而得名，隶属北京市，位于北京城区西部和西北部，东与西城区、朝阳区相邻，南与丰台区毗连，西与石景山区、门头沟区交界，北与昌平区接壤，总面积 431 平方公里。2021 年 10 月，海淀区下辖 22 个街道 7 个地区。海淀区人民政府驻海淀街道西四环北路 11 号。

20 世纪 50 年代，海淀区周边的清河、北安河、田村等地陆续划入区境。北部大半曾隶属昌平县，1958 年并入海淀区，成为近郊区。1954 年起，现区境南部陆续设若干街道。1958 年实现人民公社化。1963 年实行城乡"分治",重设街道。1968 年撤销区人民委员会,在各级行政机关及企事业单位设革命委员会。1981 年取消区革命委员会,设区人大常委会和区人民政府。1984 年结束农村人民公社体制,改设乡。至 1995 年底,海淀区辖 17 个街道 11 个乡。1988 年 5 月,经国务院批准,在海淀区东部和南部建立了全国第一个国家级高新技术开发区——北京市新技术产业开发试验区,包含海淀区境东、南和西南部,地跨海淀区 16 个街道(除香山街)和四季青、玉渊潭、海淀、东升、东北旺等 5 个乡的全部或部分区域。至 2005 年,北京市海淀区辖 21 个街道 5 个镇 3 个乡 2 个地区。2005 年底,玉渊潭乡被撤,原辖行政村并入万寿路等 5 个街道。

海淀区高校云集,名胜古迹众多,著名的北京大学、清华大学、中国人民大学、北京师范大学等高校,颐和园、圆明园、香山等风景名胜都位于海淀区。2021 年,海淀区全年实现地区生产总值 9501.7 亿元,同比增长 8.8%。三次产业结构为 0.02∶8.75∶91.23。2022 年 6 月,北京市海淀区完成全国首家网络市场监管与服务示范区申报创建。

(七)门头沟区

北京市门头沟区(行政区划代码:110109),隶属北京市,地处北京西部山区,其东部与海淀区、石景山区为邻,南部与房山区、丰台区相连,西部与河北省涿鹿县、涞水县交界,北部与昌平区、河北省怀来县接壤,是具有悠久历史文化和优良革命传统的老区。截至 2020 年,门头沟区下辖 4 个街道(大峪街道、城子街道、东辛房街道、大台街道)、9 个镇(王平镇、永定镇、龙泉镇、潭柘寺镇、军庄镇、雁翅镇、斋堂镇、清水镇、妙峰山镇)。截至 2021 年末,门头沟区常住人口 39.6 万人。门头沟区人民政府驻新桥大街 36 号。

< 14 >

新石器时代的早期，门头沟区内就有"东胡林人"繁衍生息。商周时，区境属幽州。1958年5月，京西矿区撤销，区境定名为门头沟区至今。1994年，撤黄塔、齐家庄乡并入清水乡，改设清水镇。撤沿河城乡，并入斋堂镇。撤田庄、大村乡并入雁翅镇。撤北岭乡、色树坟乡和王平村街道，合并建王平地区。改潭柘寺乡为镇。境内有108、109国道，三石公路贯穿而过。2019年，门头沟区入选第三批"绿水青山就是金山银山"实践创新基地、国家水生态文明试点城市；2020年，入选第四批国家生态文明建设示范市县、第二批国家全域旅游示范区、全国农村生活污水治理示范区、第三批节水型社会建设达标区；2021年，入围2021—2023年创建周期全国文明城市提名城市名单；2022年，入选传统村落集中连片保护利用示范县。

2021年，门头沟区实现地区生产总值268.8亿元，同比增长7%，两年平均增长3.5%。分产业看，第一产业实现增加值1.7亿元，同比下降17%；第二产业实现增加值72.4亿元，同比增长6.1%；第三产业实现增加值194.7亿元，同比增长7.7%。三次产业结构为0.6：26.9：72.4。

（八）房山区

北京市房山区（行政区划代码：110111），隶属北京市，是首都的西南门户。位于北京市西南，北邻门头沟区，东北与丰台区毗连，东隔永定河与大兴区相望，南部和西部分别与河北省涿州市和涞水县、易县接壤，辖区总面积2019平方公里，平原、丘陵、山区各占1/3。截至2020年，下辖8个街道、14个镇、6个乡，房山区常住人口131.3万人，户籍人口84.5万人，共160个社区、459个村。截至2022年1月，房山区下辖28个乡镇（街道）、459个行政村、210个社区居委会，房山区人民政府驻拱辰街道政通路1号。

1958年，房山县、良乡县合并，建北京市周口店区。1960年改名房山县。1987年，燕山区、房山县合并，建北京市房山区。截至2021年10月，

< 15 >

房山区下辖 8 个街道、14 个镇、6 个乡：城关街道、新镇街道、向阳街道、东风街道、迎风街道、星城街道、拱辰街道、西潞街道，良乡镇、周口店镇、琉璃河镇、阎村镇、窦店镇、石楼镇、长阳镇、河北镇、长沟镇、大石窝镇、张坊镇、十渡镇、青龙湖镇、韩村河镇，霞云岭乡、南窖乡、佛子庄乡、大安山乡、史家营乡、蒲洼乡。

房山区驻有中国社会科学院大学、北京理工大学、北京中医药大学、北京工商大学、首都师范大学、北京网络职业学院、北京经贸职业学院。有国家地理标志产品上方山香椿、房山磨盘柿。国家非物质文化遗产：杨家将（穆桂英）传说、京绣、菊花白酒传统酿造技艺。2021 年，全年实现地区生产总值 818.4 亿元，不变价增长 7.7%。

（九）通州区

北京市通州区（行政区划代码：110112），北京市市辖区、城市副中心，位于北京市东南部，京杭大运河北端，毗邻河北省和天津市。下辖 11 个街道 10 个镇 1 个民族乡，通州区人民政府驻潞源街道。截至 2021 年，通州区常住人口 184.3 万人。

2014 年 6 月 22 日，通州区境内的大运河申遗终获成功，成为中国第 46 处世界遗产。北京在这次申遗中获批"两段两点"，其中最长一段就是通惠河通州段。它西起永通桥（俗名八里桥），东至通惠河与北运河交汇处（卧虎桥），这是城市副中心第一处世界级遗产。截至 2020 年 6 月，通州区辖 11 个街道 10 个镇 1 个民族乡：中仓街道、新华街道、北苑街道、玉桥街道、潞源街道、通运街道、文景街道、九棵树街道、临河里街道、杨庄街道、潞邑街道，永顺镇、梨园镇、宋庄镇、张家湾镇、漷县镇、马驹桥镇、西集镇、台湖镇、永乐店镇、潞城镇，于家务回族乡。通州区人民政府驻潞源街道。

2021 年，通州区实现地区生产总值 1206.3 亿元，其中，第一产业增加

< 16 >

值 13.2 亿元，第二产业增加值 448.7 亿元，第三产业增加值 744.4 亿元，三次产业结构为 1.1∶37.2∶61.7。

（十）顺义区

北京市顺义区（行政区划代码：110113）隶属北京市，位于北京市东北方向，距市区 30 公里，北邻怀柔区、密云区，东界平谷区，南与通州区、河北省三河市接壤，西南、西与昌平区、朝阳区隔温榆河为界。总面积 1021 平方公里。截至 2019 年，顺义区下辖 6 个街道 7 个地区 12 个镇。截至 2021 年末，顺义区常住人口为 132.6 万人。

2000 年，顺义区辖 2 个街道 7 个地区（同时设立建制镇）和 12 个镇。2001 年 11 月 13 日，《关于调整郊区部分街镇行政区域的批复》批准同意顺义区在区政府驻地中心地区设立石园街道，同时调整胜利、光明街道辖区范围。2005 年 3 月 8 日，石园街道正式成立。2005 年，顺义区辖 3 个街道 7 个地区（同时设立建制镇）和 12 个镇。2007 年，北京市政府正式批准同意顺义区在城市化进程较快地区设立空港、旺泉、双丰三个街道，管辖区域分别为空港地区、北京汽车生产基地周边地区、顺义新城中心区及奥运场馆周边地区。2008 年 6 月 25 日，旺泉街道、双丰街道、空港街道三个街道正式挂牌成立，形成 6 个街道、7 个地区和 12 个镇的格局。截至 2021 年，顺义区下辖 6 个街道 19 个镇，共 127 个社区 426 个行政村。6 个街道为：光明街道、胜利街道、石园街道、双丰街道、旺泉街道、空港街道。19 个镇为：仁和镇、马坡镇、南法信镇、天竺镇、后沙峪镇、牛栏山镇、杨镇镇、张镇、大孙各庄镇、北务镇、李遂镇、木林镇、南彩镇、北小营镇、李桥镇、高丽营镇、赵全营镇、北石槽镇、龙湾屯镇。顺义区人民政府驻双丰街道复兴东街 1 号。

顺义区是北京市"一核一主一副、两轴多点一区"城市空间结构中的

"多点"之一，也是"国门"所在地、首都重点平原新城、中心城区适宜功能产业的重要承接地。2021年，顺义区实现地区生产总值2076.8亿元，其中，第一产业增加值16.5亿元，第二产业增加值566.6亿元，第三产业增加值1493.7亿元。三次产业结构为0.8∶27.3∶71.9。

（十一）昌平区

北京市昌平区（行政区划代码：110114），隶属北京市，位于北京西北部，北与延庆区、怀柔区相连，东邻顺义区，南与朝阳区、海淀区毗邻，西与门头沟区和河北省怀来县接壤，总面积1352平方公里。

昌平自西汉设县，已有2000多年历史，被誉为"密尔王室，股肱重地"，素有"京师之枕"美称。地形西北高、东南低，属暖温带大陆性季风气候。境内的明十三陵、居庸关长城已被列入世界文化遗产名录，小汤山是知名的温泉旅游胜地。

2021年，昌平区地区生产总值1287.0亿元，以不变价计算，比2020年增长10.4%。其中，第一产业增加值7.3亿元，第二产业增加值450.0亿元，第三产业增加值829.7亿元，三次产业结构为0.6∶35.0∶64.4。

2012年12月31日，昌平区东小口地区正式"一分为四"，天通苑北、天通苑南和霍营三个街道正式挂牌成立。2015年，根据北京市政府批复的调整方案，原有的回龙观镇建制撤销，取而代之三个街道：回龙观街道、龙泽园街道和史各庄街道。截至2021年，昌平区下辖8个街道4个地区10个镇。昌平区人民政府驻城北街道政府街19号。

（十二）大兴区

北京市大兴区（行政区划代码：110115），隶属北京市，位于北京市南

< 18 >

郊，地处华北平原东北部，总面积 1030.57 平方公里。截至 2018 年，大兴区辖 8 个街道 5 个地区 9 个镇，另辖 3 个乡级单位，常住人口 162.9 万人，户籍人口 69.9 万人。大兴区人民政府驻兴丰街道。

大兴区最早前身为古蓟县，为春秋战国时期燕国所建。金贞元二年（1154 年），析津县更名大兴县。2001 年 3 月 2 日，撤销大兴县，设立大兴区。2005 年，大兴区辖 3 个街道 14 个镇，共有 75 个社区 526 个村委会。2009 年 7 月 31 日，大兴区观音寺、天宫院街道办事处成立。2014 年 11 月 15 日，大兴区高米店、荣华、博兴街道办事处成立。2021 年 10 月，大兴区辖 8 个街道 5 个地区 9 个镇：清源街道、兴丰街道、林校路街道、观音寺街道、天宫院街道、高米店街道、荣华街道、博兴街道、亦庄地区、黄村地区、旧宫地区、西红门地区、瀛海地区、青云店镇、长子营镇、采育镇、礼贤镇、安定镇、榆垡镇、魏善庄镇、庞各庄镇、北臧村镇；另辖 3 个乡级单位：北京经济技术开发区、中关村国家自主创新示范区大兴生物医药产业基地、国家新媒体产业基地。

2021 年，大兴区地区生产总值 1461.8 亿元，按可比价格计算，比 2020 年增长 56.4%，其中第一产业增加值 14.6 亿元，比 2020 年增长 10.6%；第二产业增加值 778.1 亿元，比 2020 年增长 163.3%；第三产业增加值 669.2 亿元，比 2020 年增长 5.6%。三次产业结构为 1.0 ∶ 53.2 ∶ 45.8。2016 年，大兴区被列为第二批国家新型城镇化综合试点地区。2019 年，被列为第二批国家农产品质量安全县。大兴区是 1984 年国务院批准建设的首都第一批重点发展的卫星城之一，中国（河北）自由贸易试验区大兴机场片区组成部分。

（十三）怀柔区

北京市怀柔区（行政区划代码：110116），北京市辖区，地处燕山南麓，位于北京市东北部。东临密云区，南与顺义区、昌平区相连，西与延庆区搭界，北与河北省赤城县、丰宁满族自治县、滦平县接壤。城区距北京东直门50公里，全区总面积2122.8平方公里。截至2020年11月1日零时，怀柔区常住人口为44.1万人。

截至2020年，怀柔区下辖2个街道12个镇2个乡：泉河街道、龙山街道、怀柔镇、雁栖镇、北房镇、杨宋镇、庙城镇、桥梓镇、怀北镇、汤河口镇、渤海镇、九渡河镇、琉璃庙镇、宝山镇、长哨营满族乡、喇叭沟门满族乡。共有35个社区284个行政村。怀柔区人民政府驻怀柔镇府前街15号。

怀柔区内有四级以上河流17条，大中小型水库16座。北部五个乡镇是密云水库的主要水源地。2014年APEC会议在怀柔区雁栖湖举行。2019年12月31日，入选全国农村创新创业典型县。2020年10月9日，被生态环境部命名为第四批"绿水青山就是金山银山"实践创新基地；10月20日，入选全国双拥模范城。2020年，怀柔区地区生产总值396.6亿元，比上年下降1.3%。

（十四）平谷区

北京市平谷区（行政区划代码：110117），北京市辖区，位于北京市东北部，总面积948.24平方公里。截至2021年末，平谷区常住人口为45.7万人。

旧石器时代就有先民在平谷境内繁衍生息，发现有上宅文化。西汉高祖十二年（前195年），始建平谷县。1958年3月，撤销通县专区，平谷县改属河北省唐山专区。同年10月20日，平谷县划归北京市。2002年4月，平谷县撤县建区。截至2021年10月，平谷区辖滨河、兴谷2个街道，平谷、峪口、马坊、金海湖、东高村、山东庄、南独乐河、大华山、夏各庄、马昌营、王辛庄、大兴庄、刘家店、镇罗营14个镇（其中平谷、峪口、马坊、金海湖4镇设地区办事处，平谷镇设渔阳地区办事处），黄松峪、熊儿寨2

< 20 >

个乡，共 18 个乡级政区。平谷区人民政府驻府前街 7 号。

　　2019 年，被列为国家知识产权试点城市、全国农民合作社质量提升整县推进试点单位、全国乡村治理体系建设首批试点单位。2021 年，平谷区实现地区生产总值 359.3 亿元，按不变价计算，比 2020 年增长 9.8%。

（十五）密云区

　　北京市密云区（行政区划代码：110118），隶属北京市。位于北京市东北部，属燕山山地与华北平原交接地，是华北通往东北、内蒙古的重要门户，故有"京师锁钥"之称，是北京重要饮用水水源基地和生态涵养区。总面积 2229.45 平方公里，是北京市面积最大的区，下辖 17 个镇 2 个街道 1 个乡（地区办事处）。根据第七次人口普查数据，截至 2020 年 11 月 1 日零时，密云区常住人口为 52.77 万人。

　　密云区山水兼备，自然地貌特征为"八山一水一分田"，山区面积占全区面积 4/5，水源保护区占全区面积 3/4。全区林木覆盖率达 73.63%，空气中负氧离子含量高于市区 40 倍，生态质量在全市排名第一。密云区主要特产有密云甘栗、红香酥梨、御皇李子、"云岫"李子、熘鸡脯等。2021 年，密云区实现地区生产总值 360.3 亿元，按可比价格计算，比 2020 年增长 7.5%。

　　1948 年 12 月 5 日，密云城解放。1949 年 8 月，密云县、乙化两县合并，仍称密云县，隶河北省通县专署。1958 年 4 月，河北省通县专署撤销，密云区改属河北省承德专署。1958 年 10 月，密云划归北京市管辖。2015 年 11 月，撤销密云县，设立密云区。截至 2021 年 10 月，密云区下辖 2 个街道，即鼓楼街道、果园街道。17 个镇，即密云镇、十里堡镇、河南寨镇、溪翁庄镇、穆家峪镇、巨各庄镇、西田各庄镇、大城子镇、石城镇、太师屯镇、北庄镇、高岭镇、不老屯镇、古北口镇、冯家峪镇、东邵渠镇、新城子镇。1 个乡（地区办事处），即檀营满族蒙古族乡（檀营地区办事处）。密云区人民政

< 21 >

府驻密云区鼓楼西大街 3 号。

（十六）延庆区

北京市延庆区（行政区划代码：110119），隶属北京市，地处北京市西北部；东邻怀柔区，南接昌平区，西与河北省怀来县接壤，北与河北省赤城县相邻，城区距北京德胜门 74 公里，平均海拔 500 米以上，气候独特，冬冷夏凉，素有北京"夏都"之称。延庆区总面积 1994.88 平方公里。2019 年，辖 3 个街道 11 个镇 4 个乡；根据第七次人口普查数据，截至 2020 年 11 月 1 日零时，延庆区常住人口为 34.57 万人。2020 年，延庆区实现地区生产总值 194.47 亿元。

2013 年 9 月，北京延庆地质公园入选联合国教科文组织世界地质公园网络名录，被授予"中国延庆世界地质公园"称号。2016 年 12 月 7 日，延庆区被列为第三批国家新型城镇化综合试点地区。2019 年，被列为国家知识产权试点城市。2019 年 2 月，全国爱卫会决定，命名北京市延庆区为国家卫生城市（区）。2019 年 5 月 6 日，首届北京牡丹文化节在延庆开幕。延庆已发展成为北京市牡丹产业规模最大的区域，种植面积达 1800 亩，共收集种植牡丹 1800 余个品种。

1952 年，撤销察哈尔省后延庆改属河北省张家口地区。1958 年 10 月，延庆县划归北京市，成为首都西北门户。2015 年 11 月，撤销延庆县，设立延庆区，政府驻地不变。2015 年 12 月，延庆区挂牌。2020 年 6 月，延庆区下辖 3 个街道 11 个镇 4 个乡，分别为：百泉街道、香水园街道、儒林街道 3 个街道；延庆镇、康庄镇、八达岭镇、永宁镇、旧县镇、张山营镇、四海镇、千家店镇、沈家营镇、大榆树镇、井庄镇 11 个镇；刘斌堡乡、大庄科乡、香营乡、珍珠泉乡 4 个乡。延庆区人民政府驻儒林街道湖北西路 1 号。

< 22 >

三、地理环境

（一）北京市地理环境

北京地处中国北部、华北平原北部，东与天津毗连，其余均与河北相邻，地势西北高、东南低。西部、北部和东北部三面环山，东南部是一片缓缓向渤海倾斜的平原。

1. 地形地貌

北京地处华北大平原的北端，西部是太行山余脉的西山，北部是燕山山脉的军都山，两山在南口关沟相交，形成一个向东南展开的半圆形大山弯，人们称之为"北京弯"，它所围绕的小平原即为北京小平原。最高的山峰为京西门头沟区的东灵山，海拔 2303 米。最低的地面为通州区东南边界。

从地势上看，北京恰处我国第二级阶梯和第三级阶梯的交接部位。燕山以南、长城之内是汉民族主要分布区，且人口稠密，其经济以农业为主，其文化是中原汉民族的文化。而燕山以北、长城之外则人口稀少，且以少数民族为多，其经济以畜牧业为主，其文化是北方少数民族的文化，与中原文化有显著不同。北京恰处上述不同民族、不同经济、不同文化之间相互交流、相互融合、相互渗透的纽带地区。

2. 气候

北京的气候为典型的暖温带半湿润大陆性季风气候，夏季炎热多雨，冬季寒冷干燥，春、秋短促。年平均气温 10~12℃，1 月平均气温 –7~–4℃，7 月平均气温 25~26℃。全年无霜期 180~200 天，西部山区较短。年平均降雨量 600 多毫米，为华北地区降雨最多的地区之一，山前迎风坡可达 700 毫米以上。降水季节分配很不均匀，全年降水的 75% 集中在夏季，七八月常有暴雨。

北京太阳辐射量全年平均为 112~136 千卡／厘米。两个高值区分别分布在延庆盆地及密云县西北部至怀柔东部一带，年辐射量均在 135 千卡／厘米以上；低值区位于房山区的霞云岭附近，年辐射量为 112 千卡／厘米。北京年平均日照时数在 2000~2800 小时。最大值在延庆区和古北口，为 2800 小时以上，最小值分布在霞云岭，日照为 2063 小时。夏季正当雨季，日照时数减少，月日照在 230 小时左右；秋季日照时数虽没有春季多，但比夏季要多，月日照 230~245 小时；冬季是一年中日照时数最少的季节，月日照不足 200 小时，一般在 170~190 小时。

北京的气候有以下特点：

（1）降水时间及空间分布不均匀

北京处在大陆干冷气团向东南移动的通道上，每年从 10 月到翌年 5 月受来自西伯利亚的干冷气团控制，6—9 月前后三个多月受到海洋暖湿气团的影响。所以降水主要集中在夏季，7 月、8 月尤为集中。

而降水的空间分布，受北京地势影响，来自东南的暖湿空气受燕山及太行山的抬升，在山前迎风坡形成多雨区，而背风坡形成少雨区，造成了空间分布上的不均匀。

此外，由于暖湿气团和干冷气团的势力消长、互相推移等变化，降水量的年际变化很大，丰水年和枯水年雨量相差悬殊。旱涝频繁，据累计 514 年的降水资料记载，旱年和涝年占 65%。由于降水量高度集中，即使旱年，局部地势低洼地区也容易积水成涝。

（2）气象灾害影响大

城市既是人口和财富高度密集的地区，也是全球气候变化灾害风险的高发区域，城市是适应气候的重要领域。北京是全国的政治经济和文化中心，

在 1.6 万多平方公里的有限土地上，承载着 2000 多万人口和大量的物质财富。近年来，快速增长的人口和物质财富、密集规划的建筑和交通，使北京在极端气候灾害的侵袭下日益暴露出脆弱的一面。

北京市人口集中、建筑林立、商家云集，城市的现代化程度高，因此，城市的正常运行对其生命线系统（供电、供水、供燃气及交通、通信等）的依赖性明显，而城市生命线系统在自然灾害面前的易损性也十分明显，灾害造成生命线系统的故障会直接影响城市功能运行，甚至社会不稳定。随着经济和社会的发展，气象灾害在城市造成经济损失的绝对值越来越大。北京市因气象灾害造成的经济损失，年均在 10 亿元以上。

北京降水的次数在减少，但降雨强度在增加。同时，北京的极端高温也有增加的趋势。强降水事件发生频率增加，加大了城市内涝风险和市政排水压力，严重时会导致城区雨水排水系统瘫痪，对城市基础设施、居民生活生产造成严重的破坏和影响；同时大量径流污染物短时间溢流排放会对城市河流水质产生重大冲击，受纳水体污染从而破坏水生生物的栖息地。此外，未经有效处理的径流雨水排入水源地，使城市供水受到污染而威胁人类健康。全球进入暖期后气候变暖再加上城市热岛效应，会直接增加居民对水的需求，进而加剧水资源供需紧张的矛盾。在干旱季节更容易引发大范围的缺水压力，加重地下水超采和水土流失问题。依靠地下水应急补充水资源缺口，将会引起地面沉降或其他更为严重的影响。

（二）北京城镇发展的地理因素

城市的发展要有一定的地理条件作基础，根据一般规律，选择城址要考虑地势平坦、水源充足、交通便利三个必要的条件。

现已发现的北京地区最早的古城址距今有 3000 多年，正是如今北京城的前身——蓟城。历史地理学家侯仁之先生曾对当时北京地区的地理环境

< 25 >

与交通情况作过具体分析，北京小平原三面环山，正南一面通向华北大平原。由于东南面有大片沼泽，难以通行，在交通运输完全靠人力和畜力的时代，华北大平原与北京小平原之间唯一的通道是沿着太行山东麓一线的高地行进。

侯仁之先生《北京史话》中如是说道：

"永定河是一条流量很不稳定的河流，在夏季经常遇到洪水暴涨，泛滥无常，这就严重地威胁着一个城市在这里成长。因此古代由南而北的大路在穿越永定河进入小平原之后，仍然继续前行，只有在距离渡口最近而又最不容易遭受洪水威胁的一个原始的居民点上，这才开始分道扬镳，朝着不同的方向前进。

"这个古代大路分歧之处的居民点，便成为当时沟通南北交通的枢纽。当社会经济发展具备了一个城市诞生的条件时，处在这个枢纽位置上的居民点，就十分自然地迅速发展起来，终于架乎附近其他的居民点之上，成为当时一个小的奴隶制国家的统治中心。"

从考古资料可知，北京地区早期存在的两座重要城市，即董家林古城与蓟城都坐落在这条南北交通线上。董家林城地处西山脚下的高台平地上，三面临水，大石河（今琉璃河）紧靠城南流过，从城垣遗址看到南面墙基已被大石河水冲毁。尽管蓟城城址难以具体确定，但大体可知在今日北京城区的西南部，地理位置比位于房山琉璃河一带的董家林古城更为优越。蓟城已深入北京小平原的腹地，便于控制从这里南下、北上、东出的交通，而且位于永定河冲积扇的脊部，符合"高毋近阜而用水足，下毋近水而沟防省"的条件。

金代以前北京城址都是在东周时期蓟城城址基础上进行扩展与移动。后来，元大都城址选在金中都城的东北郊，从莲花池水系迁移到高梁河水系，也是为了更好地适应自然环境，既可找到新的水源，也能解决漕运及城市生活供水问题。

< 26 >

第二章

丰富的自然资源

一、自然资源条件

北京的自然资源非常丰富，包括水资源、矿产资源、动植物资源等。北京市山区面积 10200 平方公里，约占总面积的 62%，平原占比仅为 38%，大多数自然资源便蕴藏在群山之中。

（一）水资源

北京拥有五大水系，天然河道自西向东贯穿五大水系：拒马河水系、永定河水系、北运河水系、潮白河水系和蓟运河水系。

北京市有水库 85 座，其中大型水库有密云水库、官厅水库、怀柔水库、海子水库等。据 2021 年《北京统计年鉴》，2020 年北京全年水资源总量 25.8 亿立方米，全年总用水量为 40.6 亿立方米，其中，再生水 12 亿立方米，南水北调水 6.6 亿立方米，人均水资源仅有 117.6 立方米，远低于联合国划定的人均 1000 立方米的缺水下限。其主要原因是北京市人口规模总量过大，相比其他城市，北京市水资源相对丰富，但是大量人口的涌入，使得北京市资源负载很大。

< 29 >

（二）矿产资源

北京的矿产种类也较齐全。到目前为止，全市矿种共 67 种，矿床、矿点产地 476 处，列入国家储量表的矿种 44 种，产地 300 处，其中：能源矿产 2 种，黑色金属矿产 4 种，有色金属、贵金属及分散元素矿产 11 种，冶金辅助原料非金属矿产 7 种，化工原料非金属矿产 5 种，建材及其他非金属矿产 15 种。共有产地 300 处，其中黑色金属产地 49 处，有色金属产地 35 处，冶金辅助原料非金属产地 43 处，化工原料非金属产地 68 处，建材及其他非金属产地 75 处，煤炭产地 30 处。丰富的矿产资源为首都的建设提供了优越的物质基础。

北京的金矿鼎鼎有名，追溯到唐代，平谷地区就已经开始采金，清末昌平县采金最盛，年产可达万两。目前已知的金矿区，主要分布在密云、平谷、怀柔和昌平等地区。

除此之外，北京还有丰富的煤炭资源。北京的煤，以无烟煤为主，储量约有 25 亿吨，占总量的 96%，土烟煤较少。门头沟斋堂地区的风化煤，腐殖酸含量高达 40%，可制腐殖酸肥料。京西煤田主要分布于髽髻山向斜含煤区、九龙山向斜含煤区和北岭向斜含煤区；京东煤田主要产于松各庄向斜含煤区。

除矿物资源外，北京还有一种极具发展潜力的资源——地热资源。2021 年，北京市规划和自然资源委员会发布了《北京市矿产资源总体规划（2021—2025 年）（草案）》，提出优化深层地热资源开采利用布局，推动资源利用转型，促进浅层地热能规模化应用。因此地热资源将成为首都矿产资源开发利用最为重要的矿种。

地热能的直接利用发展进程十分迅速，到目前为止已广泛应用于工业加工、民用采暖和空调、洗浴、医疗、农业温室、农田灌溉、土壤加温、水产养殖、畜禽饲养等各个方面，取得了良好的经济技术效益，节约了能源。

< 30 >

北京是世界上拥有地热资源的 6 个首都之一，开发利用历史悠久，古籍中记载的北京市温泉就有 8 处：海淀温泉村温泉、昌平汤峪山温泉（大汤山温泉）、东南新汤泉（小汤山温泉）、延庆佛峪口温泉、延庆城东暖泉、门头沟十八盘山温泉、房山龙城峪温泉、房山磁家务孔水洞温泉。

北京市浅层地热能储存量大，全市浅层地热能地质条件适宜区主要分布在平原区中东部和南部，包括通州区、朝阳区大部分地区，海淀山后，昌平区东部，顺义区西南部，大兴区南部以及房山和延庆少部分区域。目前，北京探明的深层地热资源主要分布在平原区，以水热型地热为主，深度 3500 米内、出水温度大于 50℃ 的地区面积约 2760 平方公里，构成相对独立又有一定水力联系的 10 个地热田，约占平原区面积的 43%。

（三）动植物资源

北京市地带性植被类型是暖温带落叶阔叶林并兼有温带针叶林的分布。海拔 800 米以下的低山代表性的植被类型是栓皮栎林、栎林、油松林和侧柏林。海拔 800 米以上的中山，森林覆盖率增大，其下部以辽东栎林为主，海拔 1000 米至 2000 米，桦树增多，在森林群落破坏严重的地段，为二色胡枝子、榛属、绣线菊属占优势的灌丛。海拔 1800 米至 1900 米以上的山顶生长着山地杂类草草甸。

据 2021 年《北京统计年鉴》，2020 年底，北京森林面积 848313.9 公顷，森林覆盖率为 44.4%，林木绿化覆盖率为 62.5%，森林蓄积量达到 2520.7 万立方米，城市绿化覆盖率达到 49%，人均公园绿地面积 16.6 平方米，城市森林资源丰富。

从地势上看，北京地处华北平原的西北端，地形大体是由西部和北部的太行山、燕山山脉逐步过渡到东南部的平原区域，海拔高度从东灵山的 2303 米逐步降低到平原地区的平均 20~60 米，恰好位于我国第二级阶梯和第三级

< 31 >

阶梯的交接处，是南北方动物过渡性地带，这造就了北京地区局部小气候、植被、景观等生态因子的多样化，为各类野生动物提供了多样化的栖息选择，因此北京地区拥有丰富的野生动物资源。

不仅如此，随着北京生态环境治理工作的进行，北京的生态环境日益改善，北京市野生动物数量也呈现出增长态势。北京市园林绿化局发布的《北京陆生野生动物名录（2021 年）》。共收录北京地区分布的陆生野生动物 33 目 106 科 596 种，其中鸟类 503 种，兽类 63 种，两栖爬行类 30 种。这其中：国家一、二级重点保护陆生野生动物 52 种，北京市一、二级重点保护陆生野生动物 222 种和北京市二级水生野生动物 17 种。

由于近年来环境保护工作的不断努力，北京市生态环境持续向好，野生动物的种类和数量不断增加：国家一级重点保护野生动物大鸨现身通州区；以往无记录的震旦鸦雀在房山区、大兴区、丰台区等地频频被发现；黑鹳、鸳鸯、褐马鸡等物种在北京的分布区不断扩大；消失近 80 年的栗斑腹鹀重新回到了密云山地；以前无记录的大足鼠耳蝠、小菊头蝠、香鼬等兽类也出现在北京。

二、自然资源对于人类社会发展的影响

地理环境对人类及社会历史具有深刻的影响，这种影响的程度与社会生产力的发展水平成反比。在生产力极其低下的原始社会或奴隶社会，人类的各种活动及其社会发展，必然更多地受地理环境的制约，原始社会的发展必然依赖于地理条件，这也是北京远古时代起便存在原始人类生活的重要原因——北京远古时代优良的地理环境为原始人类的生存、繁衍提供了基本条件。

< 32 >

（一）北京地区人类活动历史悠久的原因

至少在 6700 万年前，北京地区已形成了今日地貌的雏形，已存在许多哺乳动物，仅从北京猿人遗址发现的哺乳动物化石就有 99 个种类。从生物演化的进程来看，哺乳动物的存在意味着距离人类的出现已为期不远了。

原始人类一出现就同地理环境有着不可分割的联系，他们必须从自然界找到赖以生存的食物来源和居息处所。据古生物学家和地质学家研究成果表明，在更新世中期周口店一带属于高山与平原、森林与草原交接的丘陵地区，山区的石灰岩洞穴是猿人理想的住所。气候较今日温暖湿润，动物种类很多，有大量的被子植物，这些为原始人类提供了"生活资料的自然富源"。原始社会的生产力水平极端低下，人类更多地依附于自然界，这类"自然富源具有决定性的意义"。因此，周口店地区早在 50 多万年前就成为原始人类生活的地区绝不是偶然的，是地理环境作用于人类社会的结果。除了西部山区之外，数十万年前北部山区也有人类祖先居住。

因此，周口店地区早在 50 多万年前成为原始人类生活的地区是地理环境作用于人类社会的结果。从原始文化遗存的分布看，远古先民们主要活动在低山区或丘陵地带，而且靠近河湖水域。北京猿人遗址附近有周口店河，怀柔县境内的旧石器时代遗物散见于汤河水域，平谷县内的旧石器时代文化遗存则分布于沟河流域。进入新石器时代以后，人类从山区洞穴转移到近山的台地或河谷地带定居，开始从事原始农业、畜牧业生产，土地、水源对人们显得更为重要。这时人类的遗址或遗物基本上沿着现今流经北京地区的大清河、永定河、北运河、潮白河、蓟运河五大水系分布于北部和西部郊区县。

（二）自然资源对经济的影响

不同的自然环境中，生产和生活资料的不同造成了当地人民的生产方式

< 33 >

和生活方式各不相同。先秦时期的蓟城地区农牧经济并重，"其畜宜四扰"，"其谷宜三种"。丘陵地区有"枣栗之饶"，史书记载："燕民虽不由田作，枣栗之实足食于民矣。"附近山区盛产矿石，金属冶铸就很发达。近海地区还有"渔盐"之利。秦汉以后，这里与中原地区进一步加强政治、经济的联系，中央政府在蓟城以北的郡县组织屯田守边，使农业得到更快的发展，成为这一地区的主要经济部门。古渔阳郡属狐奴县，地势平坦，有沽水与鲍丘水流经此处，水源充沛。东汉渔阳太守张堪在该地区组织屯田，充分利用当地的自然条件，开垦农田达 8000 多顷，不仅促进了汉代该地区农业经济的发展，对后世也有深远的影响。

不同经济区彼此间有很大的互补性，这种互补性促进了地区之间商品交换的发展。北京自古既是中原与塞北间的交通枢纽，又是北方商贸集散的中心。经过 1000 多年的开发，这个地区在隋唐时期就已形成了以封建生产方式占主导地位、农业经济为主要内容、多种经济并存的封建地方经济体系。

< 34 >

第三章

发达的社会事业

一、医疗

　　人民健康是社会文明进步的基础，是民族昌盛和国家富强的重要标志。习近平总书记明确指出，要把保障人民健康放在优先发展的战略位置。

　　改革开放前，医疗条件较为落后。改革开放以来，北京医疗卫生事业发生了翻天覆地的变化，不但有效控制了危害人民身体健康的传染病，还建立并完善了覆盖北京城乡的公共卫生和基本医疗服务体系，大量引进新设备、新技术，医疗技术与水平不断提高。

　　20世纪80年代初期，国家提出了发展卫生事业的新思路，卫生改革全面展开。随后，市政府制定了深化改革的办法，把卫生改革推向新阶段。1992年，卫生系统实施了深化改革的意见。有效调动了医疗机构和医务人员的积极性，医疗卫生服务供给大幅度增加，北京各级各类卫生机构、人员、病床数以及医疗装备、技术和质量都有了明显改善，卫生服务体系得到前所未有的发展。

　　1996年12月9日，党中央、国务院召开新中国成立以来的第一次全国卫生工作大会，强调坚持把社会效益放在首位，防止片面追求经济利益而忽视社会效益的倾向；强调优先发展和保证基本卫生服务，体现社会公平；强调合理配置资源等新的发展思路。21世纪初期，北京市推进城镇职工基本医疗保险制度，明确了建立新型农村合作医疗制度等重大战略部署，又在随后

< 37 >

的几年时间里继续完善医保制度，积极推进城镇居民医疗保险制度建设，并逐步完善对困难群体实施医疗救助制度。

首都医疗如今已经走在全国医疗行业前端，中国三甲医院最多的就是北京，达到 78 家，比第二名上海多 12 家。全国的百强医院，北京市最多，占了 23 所。截至 2021 年初，北京医疗卫生机构数 11211 个，其中医院数量 733 个，社区卫生服务中心、门诊部分别有 2069 个、1389 个。床位是医疗卫生服务体系的核心资源要素，北京市的医疗机构实有床位数为 127143 张，医院的床位数占比 93.8%，为 119310 张。医疗卫生技术人员数量也在逐年增加，已达到 375673 人，其中占比最多的执业医师有 118541 人、注册护士有 134656 人。2019 年卫生总费用为 2964.8 亿元，社会卫生支出最大，占比 62.4%，为 1850.5 亿元；其次是政府卫生支出，占比 23.7%，为 703.2 亿元；最后是个人现金卫生支出，占比 13.9%，为 411.1 亿元。经过改革与发展，北京市积累了雄厚的医疗卫生资源，医疗卫生机构的总量、规模、床位、装备水平等均位居全国各大城市之首。

二、科技

自新中国成立以来，我国许多新建的高校、研究所落户北京，大批科技人才集聚于此，北京成为全国重要的科技创新中心，引领和带动着中国科技创新发展。

1949 年，国家最高科研学术机构中国科学院在北京成立。随后，全国各地陆续建立了一批科研机构，巩固了我国科技力量。从 1951 年起，北京相继成立了 34 个自然科学研究机构，科研体系初步建立，科研人员数量不断提升。"八五"期间，北京市已经与 83 个国家、地区和国际组织的相应机构建立科技合作与交流的关系。在随后几年的时间里，我国的科技创新进入新阶段，北京市也开始塑造"全国科教中心"，以高科技产业为核心，提出了

< 38 >

"大力发展首都经济"的观念，北京市高新技术产业发展迎来高潮。

2012 年，党的十八大提出并实施创新驱动发展战略，更加注重科技创新，开启了科技创新发展新元年。2014 年，习近平总书记视察北京，提出北京"全国科技创新中心"的城市新定位，为北京科技创新发展提出了新要求和新方向。自"十二五"以来，北京市积极贯彻创新发展战略，在依托高校及科研院所的基础上，大力发展中关村自主创新示范园区，人才、资源高度集聚，创新环境日趋完善，北京市的科技创新能力得到提升，成果显著。

作为国家创新系统的重要构成主体，科研机构在国家战略科技力量中占有重要的战略地位。2020 年，北京市研究与开发机构数量有 445 个，研究与试验发展人员有 473304 人，研究与试验发展经费内部支出 2326.5793 亿元，相当于地区生产总值的 6.44%。随着我国科技创新不断增强，专利申请数量也在不断提高，专利按照创新的难易程度，分为三类：发明专利、实用新型专利、外观设计专利，整个 2020 年北京市有效发明专利数量为 335575 件，专利申请量已经高达 257009 件，专利授权量 162824 件，其中，实用新型专利数量最多，为 75336 件；其次是发明专利的数量，为 63266 件；外观设计专利数量最少，为 24222 件。北京作为我国的科技文化创新中心，无论授权量还是申请量都遥遥领先其他城市。科学技术协会有 192 个，相关机关从业人员有 1127 人。此外，北京市的技术合同成交数也逐年增加，2020 年已达 84451 项，技术合同成交总额为 6316.2 亿元，实现合同总金额高达 938.6 亿元。从北京市科学技术委员会提供的资料来看，北京科技成果不断涌现，科技创新再攀高峰，2019 年科技成果登记数有 766 项，其中，国家技术发明奖有 11 项，国家科学技术进步奖有 42 项。

如今，科技创新已成为首都经济社会发展的主要动力，在经济高质量发展、生态环境保护、社会民生等方面发挥着重要作用。首都凭借着自身的优越条件，在全国科技创新中处于领先地位，成为中国实施创新驱动发展战略的"引领者"，并向成为具有全球影响力的科技中心的道路上迈进。

三、文化

北京是全国文化中心，党的十九大报告指出："文化是一个国家、一个民族的灵魂。文化兴国运兴，文化强民族强。没有高度的文化自信，没有文化的繁荣兴盛，就没有中华民族伟大复兴。"在首都北京建设高质量的全国文化中心，具有重要意义。

1949年新中国成立后，北京成为中华人民共和国的首都，它作为全国政治中心的地位应运而生，这也赋予了北京更多的首都功能和核心功能，文化中心便是其中一种。在1958年首次城市规划中，北京被定位为我国的"文化教育中心"，1983年的城市规划中，进一步明确为"全国文化中心"。自此，北京就一直承担着在文化发展、引领、教育、创新等方面的各项任务要求。北京作为全国的文化中心，对内增强文化自信，对外展示国家文明形象，对全国的文化建设起着示范、引领和方向标的作用。

新中国成立以来，在70多年的北京文化建设和发展历程中，著名的历史文化名城、全国顶级科研院所和人才的聚集地、拥有全国领先的文化创意产业的创新型城市、文化体制改革典型示范的现代化城市、群众文化生活丰富的宜居城市等诸多标识理念，逐渐成为北京全国文化中心建设的重要内容。

随着国家文化软实力的提升，北京市公共图书馆的数量从最初的18个增至24个，总藏书多达7241万册，建筑面积总共57.7万平方米。群众艺术馆1个，文化馆19个，文化站有336个。在2020年举办展览个数共有1350个，组织文艺活动总共27418次，与往年相比有所下降。档案馆有18个，建筑面积共21.28万平方米，案卷多达980.3万卷（件），2020年利用档案资料达11.53万人次。

北京地区博物馆类别古今结合，社会科学与自然科学并重，一级博物馆数量居全国之首，国有大中型博物馆及国家级行业博物馆集中，红色文化及

< 40 >

京味文化主题博物馆特色鲜明，非国有博物馆收藏门类广泛，形成了具有首都特色的博物馆体系。截至 2020 年底，全北京市按行业管理登记的博物馆有 197 个，占全国博物馆总数的 3.6%，在数量与质量上均居全国前列。北京地区已经形成多学科、多层次、布局较为平衡的博物馆体系，文物藏品数高达 1625 万件。文物局系统内博物馆及文物保护机构有 80 个，文物藏品有 130 万件，其中的一级品有 1139 件。

再看电影、电视、广播电台等其他文化行业，2020 年，北京市电影放映单位有 266 个，总银幕数有 1916 块，受疫情的影响，电影放映场次和观影人次都有所下降，放映 146 万场次，观影 2117.5 万人次。北京市电视台有 1 座，公共电视节目 26 套，公共广播节目 26 套，电视综合覆盖率和广播综合覆盖率都达到了 100%。2020 年北京生产电影 185 部，占全国比重 17.8%，制作电视剧 43 部，占全国比重 21.3%。根据 2020 年北京市新闻出版局的资料可以看出，报纸出版 246 种、总印数达 81.3 亿份，期刊出版 3266 种、总印数 7.9 亿册，图书出版 216994 种、总印数 31.2 亿册。2019 年，北京市的录音制品共有 3354 种，录像制品共有 2001 种，电子出版物共有 5017 种，引进版权共 8212 件，其中，软件和电子出版物有 73 件，图书有 8139 件。

北京"十四五"规划纲要提出，到 2035 年，北京要率先基本实现社会主义现代化，努力建设好伟大社会主义祖国的首都、迈向中华民族伟大复兴的大国首都、国际一流的和谐宜居之都。为实现这一目标，加强北京全国文化中心建设，增强全国文化中心功能，进一步明确北京全国文化中心建设的目标与任务，把北京建设成为中国特色社会主义先进文化之都、中国特色社会主义创新发展之都、中国特色社会主义对外开放之都、全球文化中心城市，对增强北京引领中国特色社会主义文化建设能力，提升国家对外开放文化软实力，扩大中国特色社会主义文化在世界范围内的影响力，都具有十分重要的意义。

四、体育

新中国成立后，特别是改革开放以来，北京市的体育事业蓬勃发展，不断进步。

1953 年，市政府成立了北京市体育运动委员会来负责管理、推动、协调北京市的各项体育工作。随后北京着手组建了优秀运动队，发展高校业余运动队，运动水平不断提高。通过加强建设体育传统学校、建立和完善训练体制来解决后备人才短缺问题和提高学校竞技体育水平，北京体育事业加速前进。

21 世纪，在市委、市政府的领导下，北京体育事业蓬勃向上。北京市接连颁布了体育设施管理条例和全民健身条例，既为人民群众体育活动的开展提供了保障，又促进了群众性体育活动的开展。

时至今日，北京市已举办了许多赛事，诸如第一、二、三、四、七届全国运动会，1990 年北京亚运会、第二十一届世界大学生运动会、2008 年北京奥运会、2014 年国际泳联花样游泳大奖赛、2022 年第 24 届冬季奥林匹克运动会。

北京的运动场馆也非常丰富，主要场馆有国家体育场（鸟巢）、国家游泳中心（水立方）、工人体育场、五棵松体育馆、国家网球中心、北京奥林匹克水上公园、首都体育馆、北京大学生体育馆、奥体中心体育馆、北京射击馆、丰台垒球场、月坛体育馆等。截至 2020 年底，体育场地数量达到 3.86 万个，北京市人均体育场地面积约 2.57 平方米，基础运动场地共有 2803 个，球类运动场地共有 17327 个，冰雪场地共有 117 个，体育健身场地共有 14268 个，健身步道 1106.9 公里，大型体育场馆共有 31 个。根据北京市体育局的资料可以看出，北京市运动员、裁判员的队伍不断壮大。分等级运动员发展人数有 1268 人，其中一级运动员有 375 人，二级运动员有 893 人。分等级裁判员发展人数有 1236 人，其中一级裁判员有 300 人，二级裁判员

< 42 >

有 936 人。

夏奥会与冬奥会的成功举办，使北京成为全世界第一个"双奥之城"，进一步增强了群众的健身意识，群众性体育热潮不断兴起，体育事业方兴未艾。在迈向中华民族伟大复兴的道路上，北京将以更加雄健的身姿屹立在世界东方！

五、社保

新中国成立以来，北京市城镇社会保障制度逐步建立并完善，农村社会保障制度建设也在顺利地向前推进。老有所养、病有所医是人民最关心、最直接、最现实的利益问题，也是政府孜孜以求的目标。

从改革开放以来，特别是 20 世纪 90 年代以后，社会保障事业迅速发展。"十一五"时期，北京市社会保障体系建设发展十分迅速，按照"保基本、全覆盖，先保险、再救助，逐步完善提高"的思路，创新社会保障制度，完善制度体系，实现了城乡居民社会保障制度全覆盖，社会保障制度从职工保障向全民保障、从城乡二元保障向城乡一体化保障、从单一层次保障向多层次保障发展，切实有效地保障和改善了民生，促进了经济社会协调发展。

紧接着，北京市创新建立"个人账户与基础养老金"相结合的新型农村养老保险制度，并在新型农村养老保险制度的基础上建立了城乡居民基本养老保险制度。城乡居民基本养老保险实现了制度模式、缴费标准、保险待遇城乡一体化。北京不断完善住房保障政策，构建起多层次的住房保障体系，通过棚户区改造、旧城历史文化保护区人口疏解、农村抗震节能住宅改造等多种方式实现居民住房解困。北京市的社会保险基金管理水平也不断提高，并建立了行政监督、内部监督、专门监督和社会监督"四位一体"的社会保险基金监管体系，确保了基金安全。社会保障待遇水平大幅提升。

党的十八大以来，以习近平同志为核心的党中央把社会保障体系建设摆

< 43 >

上更加突出的位置，坚持全覆盖、保基本、多层次、可持续方针，继续推动我国社会保障体系建设进入快车道。

随着改革的深入，我国社会保障体系的健全和完善，社会保障待遇水平也稳步提高。北京市 2022 年职工最低工资为 2320 元／月、失业保险金最低标准 2034 元／月、城乡居民最低生活保障标准 1320 元／月。根据北京市人力资源和社会保障局、北京市医疗保障局的资料可以看出，城镇职工参加社会保险数量也在逐年增加，截至 2020 年，参加企业职工基本养老保险的单位有 73.46 万个，人数共有 16798585 人；参加职工基本医疗保险的单位有 686872 个，人数共有 17415956 人；参加失业保险的单位有 741394 个，人数共有 13183824 人；参加工伤保险的单位有 748719 个，人数共有 12672280 人。2020 年，参加城乡居民基本养老保障人数为 200.5 万人，参加城乡居民基本医疗保险人数为 398.3 万人。

近些年，我国的社会保障制度发展良好。社会保障制度不断完善，各项社会保险覆盖范围逐步扩大，参保人数和基金规模持续增长，广大人民群众的获得感、幸福感、安全感更加充实。

< 44 >

第四章

便利的交通运输

一、铁路

北京铁路枢纽是连接八个方向的全国最大的铁路枢纽，有京广线、京沪线、京九线、京包线、京通线、京哈线、京原线等众多线路干线呈辐射状通向全国各地，并有国际列车通往朝鲜、蒙古和俄罗斯，是中国四大铁路枢纽之一。

北京铁路枢纽属环形、放射状铁路枢纽，枢纽范围包括京广线至琉璃河站；京沪线、京九线至黄村站；京包线至南口站；京原线至良各庄站；京承线至密云北站；京哈线至通州南站；京通线至怀柔北站；丰沙线至安家庄站。枢纽内共有车站77个，其中特等站4个，一等站6个，二等站8个，三等站22个，四等、五等站37个。北京铁路主要车站包含北京站、北京西站、北京南站、北京丰台站、北京北站、清河站、北京朝阳站和北京城市副中心站8个主要客运站，黄土店站、延庆站和黄村站3个辅助客运站以及丰台西站、广安门站、双桥站、石景山南站、大红门站和百子湾站6个编组站及货运站。主要线路有京广高铁、京沪高铁、京津城际铁路、京哈高铁、京张高铁、京雄城际铁路和在建的京唐城际铁路、京滨城际铁路共计8条高速铁路；京沪线、京九线、京广线、京哈线、丰沙线、京包线、京通线、京承线、京原线、大秦线等多条普速铁路以及北京市郊铁路城市副中心线（S1）、北京市郊铁路S2线、北京市郊铁路怀柔密云线

< 47 >

（S5）、北京市郊铁路通密线（S6）和未开通的北京市郊铁路东北环线等多条市郊铁路。

　　根据表 4-1 的 2010—2021 年北京铁路运输基本情况并结合图 4-1 至图 4-4 四个组合图可以直观得出：北京铁路的客运量在 2010—2019 年呈稳定上升趋势，增长率较为平缓。截至 2021 年北京铁路全年完成客运量（发送量）8550.1 万人次，较 2020 年增长 33.9%，较 2010 年下降 4.0%。北京铁路的货运量增长率在 2010—2021 年基本为负，总体呈逐年下降的趋势，除了在 2014 年的货运量出现了 5% 的正增长，铁路货运量从 2010 年的 1571.6 万吨下降至 2021 年的 315.5 万吨，较 2010 年下降比例高达 80%。北京铁路的旅客周转量在 2010—2019 年逐年增长且增长较为平缓，直至 2020 年出现陡坡式下降，下降比例达 55.5%，随后在 2021 年回升，截至 2021 年北京铁路全年完成旅客周转量 95.5 亿人公里，较 2020 年增长 35.1%，较 2010 年下降 4.0%。北京铁路的货物周转量增长率在 2010—2021 年上下波动，在 2011 年、2013 年、2016 年、2017 年、2018 年、2021 年是正增长，但货物周转量水平稳定在 266 亿吨公里左右，截至 2021 年北京铁路全年完成货物周转量 248.8 亿吨公里，较 2020 年增长 1.8%，较 2010 年下降 3.4%。

图4-1　2010—2021年北京铁路客运量及增长率情况

< 48 >

表 4-1　2010—2021 年北京铁路运输基本情况

年份	2010	2011	2012	2013	2014	2015	2016	2017	2018	2019	2020	2021
客运量（万人次）	8903.3	9754.5	10314.5	11587.5	12609.1	12820.5	13379.5	13872.9	14272.8	14754.9	6383.2	8550.1
增长率（%）	—	9.6	5.7	12.3	8.8	1.7	4.4	3.7	2.9	3.4	-56.7	33.9
货运量（万吨）	1571.6	1379.9	1232.2	1078.4	1132.2	1003.7	724.9	704.0	568.6	449.2	360.2	315.5
增长率（%）	—	-12.2	-10.7	-12.5	5.0	-11.3	-27.8	-2.9	-19.2	-21.0	-19.8	-12.4
旅客周转量（亿人公里）	99.6	108.7	116.4	118.0	135.6	149.3	150.8	153.8	154.6	158.9	70.7	95.5
增长率（%）	—	9.2	7.1	1.4	15.0	10.1	1.0	2.0	0.5	2.8	-55.5	35.1
货物周转量（亿吨公里）	257.5	311.3	307.6	323.2	284.4	224.8	229.0	246.4	266.9	257.5	244.3	248.8
增长率（%）	—	20.9	-1.2	5.1	-12.0	-21.0	1.9	7.6	8.3	-3.5	-5.1	1.8

< 49 >

图4-2　2010—2021年北京铁路货运量及增长率情况

图4-3　2010—2021年北京铁路旅客周转量及增长率情况

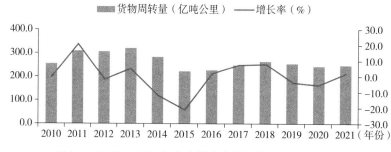

图4-4　2010—2021年北京铁路货物周转量及增长率情况

二、水路

京杭大运河始建于春秋时期，是世界上里程最长、工程最大的古代运河，也是最古老的运河。大运河从北京经天津、河北、山东、江苏，至浙江杭州，全长约1797公里。大运河通州城市段在2019年10月3日正式

< 50 >

实现旅游通航，实现了游客在北关闸至甘棠闸 11.4 公里的河道之间游船赏景。2021 年 6 月 24 日，实现从甘棠闸至市界 28.7 公里的河道之间的旅游同行，至此，两端航道正式连通，市民可以乘坐游船在 40 公里的河道上游览。2022 年 6 月 24 日，京杭大运河实现京冀段全线互联互通，全长 62 公里，北起北京市通州区北关闸，南至河北省廊坊市香河县金门闸码头，这也标志着北京市第一次出现了跨省航道和跨省水上旅游运输。

此外，南水北调工程分东线、中线、西线三条调水线路，分别从长江下游、中游、上游调水，以实现我国水资源南北调配、东西互济的合理配置格局。其中，中线工程是解决我国北方地区水资源严重短缺、实施我国水资源优化配置的特大型基础设施项目，从长江支流汉江上的丹江口水库引水，途经湖北、河南、河北，自流至北京，全长 1267 公里。北京段位于中线工程的末端。中线北京段工程总干渠从房山区北拒马河中支南进入北京境内，穿房山山前丘陵区，房山城区西、北关，过大石河、小清河、永定河，穿丰台西铁路编组站北端进入市区，从卢沟桥以东穿越京石高速公路，由岳各庄向北沿西四环路下北上与西长铁路线、五棵松站地铁、永定河引水渠相交，直至终点颐和园内的团城湖，全长约 80.4 公里，采用管涵加压输水方案。

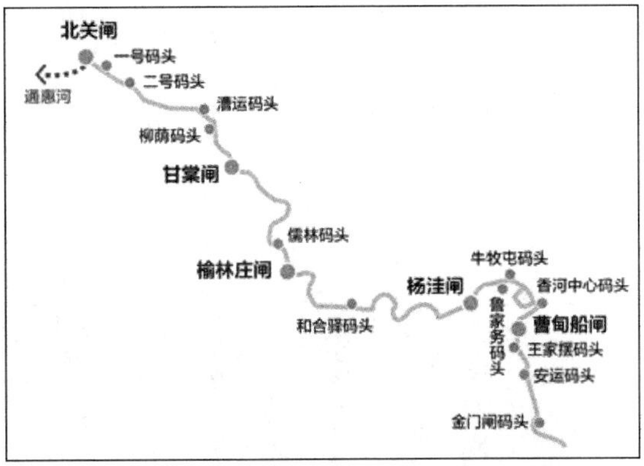

图4-5　京杭大运河通州城市段线路示意图

三、航空

北京境内共有两座大型机场，分别为北京首都国际机场和北京大兴国际机场。

北京首都机场是中国三大门户复合枢纽之一，环渤海地区国际航空货运枢纽群成员之一，属于 4F 级民用机场，建成于 1958 年，距离北京市中心 25 公里，是中国最大、最繁忙的民用机场，该机场是中国国际航空的基地机场，世界超大型机场，拥有三座航站楼，面积共计 141 万平方米，有两条 4E 跑道和一条 4F 跑道，拥有 132 条国内航线，120 条国际航线，2019 年的旅客吞吐量高达 10001 万人次，居全国第一，仅次于美国亚特兰大国际机场，机场与北京市中心之间由机场高速公路和地铁首都机场线相连接。北京首都机场 2021 年完成旅客吞吐量 3264 万人次，相比 2020 年同期减少了 187 万人，同比下降 5.4%（图 4-6）；2021 年完成货邮吞吐量 140 万吨，相比 2020 年同期增长了 19 万吨，同比增长 15.8%（图 4-7）。2021 年北京首都机场完成飞机起降 298176 架次，相比 2020 年同期增长了 6678 架次，同比增长 2.3%。

图4-6 2010—2021年北京首都机场航班旅客吞吐量及增长率情况

图4-7 2010—2021年北京首都机场航班货邮吞吐量及增长率情况

北京大兴国际机场位于北京市大兴区，北距天安门 46 公里，距北京首都机场 67 公里，南距雄安新区 55 公里，西距北京南郊机场约 640 米（围

< 52 >

场距离），为 4F 级国际机场、世界级航空枢纽、国家发展新动力源。2014年 12 月 26 日，北京新机场项目开工建设；2018 年 9 月 14 日，北京新机场项目定名"北京大兴国际机场"；2019 年 9 月 25 日，北京大兴国际机场正式通航。北京大兴国际机场航站楼面积为 78 万平方米；民航站坪设 223个机位，其中 76 个近机位、147 个远机位；有 4 条运行跑道，东一、北一和西一跑道宽 60 米，分别长 3400 米、3800 米和 3800 米，西二跑道长3800 米，宽 45 米，另有 3800 米长的第五跑道为军用跑道。2021 年，北京大兴国际机场共完成旅客量吞吐 2505.1 万人次，同比增长 55.7%，全国排名第 11 位；货邮吞吐量 185942.7 吨，同比增长 140.7%，全国排名第 18 位；飞机起降 211238 架次，同比增长 58.7%，全国排名第 12 位。

除此之外，北京还建有北京南苑机场（已于 2019 年关闭）、良乡机场、北京西郊机场、北京沙河机场、北京八达岭机场 5 座机场。

根据表 4-2 的 2010—2021 年北京民航运输基本情况并结合图 4-8 至图4-11 四个组合图可以直观得出：北京民航的客运量增长率在 2010—2019 年基本为正，除了在 2014 年的客运量出现了 3.4% 的负增长，客运量总体呈逐年上涨的趋势，直到 2020 年出现急剧下降，随后在 2021 年有所回升，但回升幅度较小，截至 2021 年北京民航全年完成客运量 5706.5 万人次，较 2020年增长 6.9%，较 2010 年增长 1.4%。北京民航的货运量在 2010—2018 年逐年上涨且 2010—2013 年水平基本持平，2019 年、2020 年下降，2021 年回升，截至 2021 年北京民航全年完成货运量 161.7 万吨，较 2020 年增长9.7%，较 2010 年增长 24.6%。北京民航的旅客周转量在 2010—2019 年逐年增长但且增长较为平缓，截至 2021 年北京民航全年完成旅客周转量 898.4 亿人公里，较 2020 年下降 0.2%，较 2010 年下降 11.0%。北京民航的货物周转量在 2012—2018 年逐年增长，在 2011 年、2019 年、2020 年出现了负增长，随后在 2021 年有所回升，截至 2021 年北京民航全年完成货物周转量 76.4 亿吨公里，较 2020 年增长 15.7%，较 2010 年增长 58.4%（表 4-2）。

< 53 >

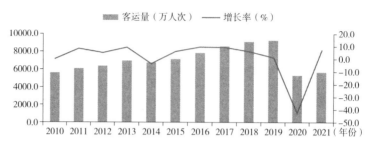

图4-8 2010—2021年北京民航客运量及增长率情况

图4-9 2010—2021年北京民航货运量及增长率情况

图4-10 2010—2021年北京民航旅客周转量及增长率情况

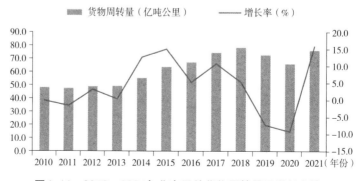

图4-11 2010—2021年北京民航货物周转量及增长率情况

< 54 >

表 4-2　2010—2021 年北京民航运输基本情况

年份	2010	2011	2012	2013	2014	2015	2016	2017	2018	2019	2020	2021
客运量（万人次）	5630.0	6100.3	6389.3	6987.9	6751.8	7172.3	7872.2	8606.6	9123.4	9241.5	5338.6	5706.5
增长率（%）	—	8.4	4.7	9.4	-3.4	6.2	9.8	9.3	6.0	1.3	-42.2	6.9
货运量（万吨）	129.8	131.6	134.1	135.7	148.9	158.2	162.9	174.9	176.6	166.1	147.4	161.7
增长率（%）	—	1.4	1.9	1.2	9.8	6.2	3.0	7.4	0.9	-5.9	-11.3	9.7
旅客周转量（亿人公里）	1009.3	1116.3	1174.6	1244.7	1328.8	1468.2	1620.8	1802.7	1966.0	2028.2	900.6	898.4
增长率（%）	—	10.6	5.2	6.0	6.8	10.5	10.4	11.2	9.1	3.2	-55.6	-0.2
货物周转量（亿吨公里）	48.2	47.5	49.0	49.2	55.4	63.7	67.1	74.4	78.4	72.7	66.0	76.4
增长率（%）	—	-1.6	3.2	0.4	12.6	15.1	5.4	10.8	5.4	-7.3	-9.2	15.7

< 55 >

四、公路

全市公路形成以高速公路和环线公路、快速路为龙头国道，市线主干线为骨干，乡县公路为支脉，纵横交错、四通八达的公路系统。北京的第一条高速公路是首都机场高速公路（京高速 S12），于 1993 年建成通车，北京现有京哈（G1）、京沪（G2）、京台（G3）、京港澳（G4）、京昆（G5）、京藏（G6）、京新（G7）、大广（G45）和六环路（G4501）等国家级高速公路，京承、京津、京密、密采、京平、京秦等京高速，京沈、京抚、京滨、京广、京昆、京拉和京秦线等国道高速。北京的环线公路简称"京环线"（G122），北京环线公路经过河北省和天津市 2 个省级行政区，起点为河北省保定高碑店市，经天津市、唐山市、张家口市及保定市涞源县，终点仍为河北省高碑店市，该国道是一条环北京的国道，全程 1228 公里。2021 年末，北京市公路里程 22289.9 公里，比上年末增加 25.8 公里，其中高速公路里程 1176.5 公里，增加 3.2 公里。城市道路里程 6167 公里，比上年末增加 20公里。

根据表 4-3 的 2010—2021 年北京公路运输基本情况并结合图 4-12 至图 4-15 四个组合图可以直观得出：北京公路的客运量在 2010—2012 年这三年达到最大，分别为 126129.8 万人次、129917.7 万人次、132333.0 万人次，2013—2019 年的客运量较平稳，直到 2020 年出现急剧下降，下降比例高达49.0%，随后在 2021 年回升，截至 2021 年北京公路全年完成客运量 28058.8万人次，较 2020 年增长 14.3%，较 2010 年下降 77.8%。北京公路的货运量在 2010—2021 年总体呈稳定态势，其中在 2011 年的增长率最大，达到15.3%，而在 2015 年经历了断崖式的下跌，是近 12 年来最严重的一次，高达 25.1%，虽然后续在每年稳定上升，但目前还未达到 2012 年的巅峰状态，截至 2021 年，北京公路全年完成货运量 23075.1 万吨，较 2020 年增长 5.9%，较 2010 年增长 14.32%，预测未来将会缓慢发展，大幅度增长局面可能难以

< 56 >

表 4-3　2010—2021 年北京公路运输基本情况

年份	2010	2011	2012	2013	2014	2015	2016	2017	2018	2019	2020	2021
客运量（万人次）	126129.8	129917.7	132333.0	52480.5	52354.1	49931.2	48040.4	44940.1	44174.9	48151.4	24547.9	28058.8
增长率（%）	—	3.0	1.9	-60.3	-0.2	-4.6	-3.8	-6.5	-1.7	9.0	-49.0	14.3
货运量（万吨）	20184.0	23276.0	24924.5	24651.0	25416.0	19044.0	19972.0	19373.7	20277.6	22325.0	21788.8	23075.1
增长率（%）	—	15.3	7.1	-1.1	3.1	-25.1	4.9	-3.0	4.7	10.1	-2.4	5.9
旅客周转量（亿人公里）	290.6	303.7	304.8	136.1	138.3	130.1	117.7	99.4	99.4	104.8	43.7	54.1
增长率（%）	—	4.5	0.4	-55.3	1.6	-5.9	-9.6	-15.5	0.0	5.4	-58.3	23.9
货物周转量（亿吨公里）	101.6	132.3	139.8	156.2	165.2	156.4	161.3	159.2	167.4	275.7	265.7	274.4
增长率（%）	—	30.2	5.6	11.7	5.8	-5.3	3.2	-1.3	5.1	64.7	-3.6	3.3

< 57 >

出现。北京公路的旅客周转量在 2010—2012 年持续稳定增长，2012 年的旅客周转量为 304.8 亿人公里，为最大值，在 2015—2017 年逐年下降，2018 年与 2017 年的数据持平，2019 年出现正增长，但在 2020 年陡坡式下降，下降比例达到 58.3%，截至 2021 年北京公路全年完成旅客周转量 54.1 亿人公里，较 2020 年增长 23.9%，较 2010 年下降 81.4%。北京公路的货物周转量在 2011 年的增长率最大，达到 30.2%，在 2013—2018 年的货物周转量水平较为稳定，平均在 161.0 亿吨公里上下波动，在 2019 年激增，较 2018 年增长了 64.7%，截至 2021 年北京公路全年完成货物周转量 274.4 亿吨公里，较 2020 年增长 3.3%，较 2010 年增长 170.1%。

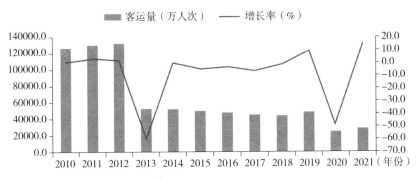

图4-12　2010—2021年公路客运量及增长率情况

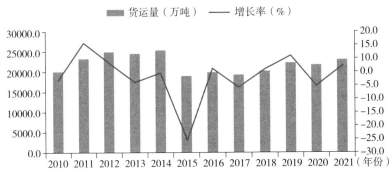

图4-13　2010—2021年公路货运量及增长率情况

< 58 >

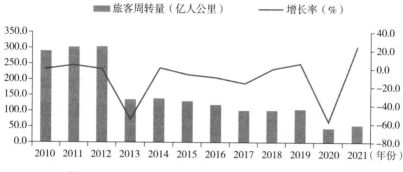

图4-14　2010—2021年公路旅客周转量及增长率情况

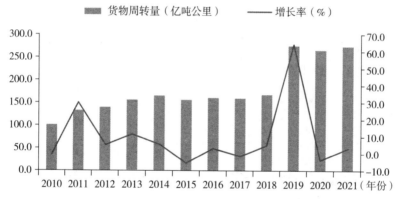

图4-15　2010—2021年公路货物周转量及增长率情况

五、公共交通

（一）轨道交通

北京地铁始建于 1965 年，首条线路于 1971 年 1 月 15 日正式运营，是中国首个开通地铁的城市。北京地铁（不含首都机场线、大兴机场线）采用分段计价方式，具体票价为：6 公里（含）内 3 元，6 公里至 12 公里（含）4 元，12 公里至 22 公里（含）5 元，22 公里至 32 公里（含）6 元，32 公里以上每 20 公里增加 1 元，最高票价不封顶。西郊线、亦庄 T1 线的计价方式

< 59 >

与上述方式相同，但单独计费，不能与其他线路一票换乘。首都机场线单一票价 25 元，单独计费，不能与其他线路一票换乘。2021 年 12 月 1 日，"亿通行" App 推出北京地铁首都机场线电子计次票，共有四种类型，10 次 / 月计次票 200 元、20 次 / 月计次票 300 元、30 次 / 月计次票 375 元、50 次 / 月计次票 500 元。大兴机场线分段计价，单独计费，不能与其他线路一票换乘。

截至 2021 年末，北京轨道交通拥有车站 459 座，其中换乘站 72 座；轨道交通运营线路 27 条，较上年末增加 3 条；线路运营长度 28580 公里，较上年末增加 161 公里；运营车辆 7110 辆，较上年末增加 331 辆；全年客运总量 30.9 亿人次，增加 34.7%；年末投运里程 783 公里，较上年末增加 56 公里；日均客运量 840.03 万人次，较上年增加 213.62 万人次。截至 2022 年 3 月，北京地铁在建线路 10 条。

（二）公交

北京的公交以公共汽电车线路、郊区线路为主，快速公交、长途线路、定制公交、旅游线路为辅。常规的公交价格在 10 公里（含）内 2 元，10 公里以上部分，每增加 1 元可乘坐 5 公里。使用市政交通一卡通刷卡乘坐城市公共电汽车，市域内路段基于普通卡 5 折，学生卡 2.5 折优惠，市域外路段享受 8 折优惠。

截至 2021 年末，公共电汽车运营线路 1217 条，比上年末增加 10 条；运营线路长度 28580 公里，增加 161 公里；运营车辆 23079 辆，减少 869 辆，全年客运总量 23.0 亿人次，增长 25.8%。

（三）出租汽车

出租汽车的价格在 3 公里（含）以内 13 元，基本单价 2.3 元 / 公里，低

< 60 >

速行驶费和等候费根据乘客要求停车等候或由于道路条件限制，时速低于 12 公里时，每 5 分钟早晚高峰期间加收 2 公里租价（不含空驶费），其他时段加收 1 公里租价（不含空驶费），空驶费是单程载客行驶超过 15 公里部分，基本单价加收 50% 的费用；往返载客［含起点和终点在 2 公里（含）］范围以内）不加收空驶费。夜间收费是 23：00（含）至次日 5：00（不含）运营时，基本单价加收 20% 的费用。合乘收费是合乘里程部分，按非合乘情况下应付金额的 60% 付费。

截至 2020 年末，北京市出租小汽车运营车辆 74875 辆，较上年增长 3358 辆；客运量 17427 万人次，较上年减少 47.37%。

截至 2021 年，北京全年的交通运输：全年货运量 28132.3 万吨，比上年增长 6.8%；货物周转量 881.1 亿吨公里，增长 4.5%。全年客运量 42315.4 万人次，增长 16.7%；旅客周转量 1048.0 亿人公里，增长 3.2%。此外，年末全市机动车保有量 685.0 万辆，比上年末增加 28.0 万辆。民用汽车 614.3 万辆，增加 14.0 万辆。其中，私人汽车 521.1 万辆，增加 13.2 万辆；私人汽车中轿车 294.1 万辆。

< 61 >

第五章

灿烂的历史文化

北京，因其特殊的地理位置和城市职能，在华夏历史的漫漫长河中，孕育出了丰富的文化内涵。在这些带有北京地域特色的历史中，我们不断探寻其内在的文化在当今社会中的发展。无论是贯穿北京的大小胡同，还是北京特色的四合院式传统建筑结构，抑或是京剧等传统文化的复兴与新发展，都是我们所研究和讨论的对象。

一、建筑

北京有着3000多年的建城史、800多年的建都史，北京这座"四方城"里有着丰富的建筑遗产。建筑作为一种从设计到建造来实现物质空间以满足人类基本需求的艺术和技术，体现了当地历史文化的变迁与发展。北京古代建筑就是以宫殿、寺庙为代表的皇家建筑和民间建筑。说起民间建筑，胡同和胡同里的四合院就是其中最具代表性的存在。

北京的皇家建筑与宫殿的发展息息相关。唐大明宫含元殿既是殿又有阙的形式，称为宫阙制，其形制影响了明清宫门制度。宫殿建筑采用"工字殿"形制。明清的北京宫殿始建于明永乐四年（1406年），完成于永乐十八年（1420年）。宫城称为紫禁城，东西宽760米，南北深960米，周围有护城河环绕。城墙四面辟门，城墙四隅有角楼。宫城内部分外朝、内廷两大部分。北京故宫是中国封建社会末期的代表性建筑之一，在利用建筑群来烘托皇帝的崇高与神圣方面，达到了登峰造极的地步。其主要手法是在1.6公里

< 65 >

的中轴线上，用连续的、对称的封闭空间，形成逐步展开的建筑序列来衬托出三大殿的庄严、崇高、宏伟。

如今的故宫博物院成为中国著名的旅游景点。故宫博物院十分注重文化的交流传播，除了举办一些外国文物的展览，还将自己的 IP 进行有效利用，不断创新，推出一系列有特色的文创产品，使人们对故宫的历史文化有了更多的关注和了解。目前，将地域文化与创意经济相融合，打造出有独特文化元素的文化创意产品逐渐成为新的趋势。故宫博物院抓住了不同年龄段受众的需求，设计出不同类型的文创产品，并推出各种纪录片、综艺节目等作品，不断向历史文化中注入新鲜活力。

胡同，可以称得上是北京文化的"活化石"，记载着北京的历史发展与变迁，具有极高的历史文化价值。北京的胡同大部分形成于元朝，明清以后不断发展，是北京特有的城市小巷，大部分呈东西走向，宽度较窄。北京胡同是随着京城的形成而变化、发展演进的。胡同的兴盛时期是元朝，官僚贵族在大都城盖起了住房及院落。后来明朝建筑布局都以中轴线为依据，北京城的"凸"字结构正式形成；清朝向民国初期过渡，北京形成一条横穿东西的长纬线，与纵贯南北的中轴线直角相交于天安门前，形成一个大十字坐标，街巷胡同以此为中心向外展开。现在的北京城，吸引人们的不是鳞次栉比的高楼大厦、四通八达的宽马路，而是那曲折幽深的小胡同。因此，有人称古都文化为"胡同文化"。"胡同"本是蒙古语"井"的意思，发音为"忽洞"。因为有人居住的地方自然就有水源，"井"渐渐就成为人们居住场所的代称，谐音变为"胡同"。北京胡同的名称经历了一个历史变迁的过程：元朝只是靠人们口头相传，民国之后则开始将胡同名称写在标牌上并悬挂在胡同口，代表其所在方位，成为人们活动中不可缺少的指示性标志，这就是胡同名称的实用指代作用。而对于北京人来说，胡同不仅仅标示了城市的布局，更是他们许多人的童年回忆。近些年，北京城的高楼大厦林立，但依旧有许多人居住在胡同中，或者说还有更多的人的童年记忆是胡同。

< 66 >

随着人们对胡同的关注度提升也出现了新兴的旅游方式——游胡同。自2008年奥运会成功举办，北京也成了向全世界介绍中国的窗口，这也让胡同文化进入了全新的发展阶段。近两年，由于自媒体平台的快速发展，有更多的人开始将北京旅游聚焦到北京的胡同上，这也有效地促进了北京胡同的保护和对其文化内涵的重视。

提及胡同，就要说一说胡同中必不可少的元素——四合院。北京四合院自成一格，不但有异于外国，也有别于晋中、皖南、蜀中、岭南等中国其他地方的合院建筑。北京四合院几乎全是单层的，院子宽阔，多带廊子，窗子朝着内院，四周封闭。不管外面街巷多么嘈杂，里面有自家的一块天、一块地，关上大门自成一统。院内绿树成荫，花木扶疏，别有洞天，安逸清静，如小世外桃源。北京四合院也从它的建筑风格体现出了北京自古以来的历史文化特征。正房、厢房、耳房、倒座房、后罩房、大门、垂花门、影壁、庭院构成了北京四合院的基本格局。在这些建筑的建造和方位朝向等的讲究中，也不难看出四合院体现出的伦理秩序和空间等级。通过空间的等级区分人群等级，从建筑秩序来展示出伦理秩序。同时四合院的整体防卫依靠周围的围墙完成，院内各单位建筑都面向内院，形成了对外封闭、对内开敞的布局。邓云乡在《老北京的四合院》中说道："北京四合院好在其'合'，贵在其'敞'，'合'便于保存自我的天地；'敞'则更容易观赏广阔的空间，视野更大，无坐井观天之弊。这样的居住条件，似乎也影响到居住者的素养气质。一方面是不干扰别人，自然也不愿别人干扰；二方面很敞快，较达观，不拘谨，较坦然，但也缺少竞争性，自然一般也不斤斤计较；三方面对自然界却很敏感，对岁时变化有深厚的情致。"这也体现出了四合院的外闭内敞，相对独立。此外，北京四合院的庭院式布局提供了露天的庭院，这些庭院不仅起到了收纳阳光、阻挡风沙、隔绝噪声的净化作用，还浓缩了自然生态，打造出以家庭为单位的雅居生活。罗哲文在《北京历史文化》一书中也提到了四合院对北京历史文化的重要意义："四合院是中华文化的载体，也是北

< 67 >

京地域人文风貌的象征。风雨的更造，岁月的剥蚀，虽然使大多数四合院失去了往日的光彩，但院落中的一砖一石仍能唤起人们对历史的追忆，对中华文化的向往。"

如果说胡同文化是通过建成后的名称、形状等进行的表达，那么四合院就是从建造图纸完成的那一刻起，所有的传统规矩、讲究就已形成。二者作为构成北京城的基本元素，在北京的历史文化发展进程中，深度融合当地的人文历史，表现出了鲜明的地方特色，也成为北京城市文化重要的组成部分。

二、戏曲

说到北京的戏曲，人们最先想到的大概就是京剧了。自京剧这一曲种在北京形成后，便受到了人们的喜爱和欢迎。京剧，又称平剧、京戏，是我国影响最大的戏曲剧种，其分布以北京为中心，遍及全国各地。自清代乾隆五十五年（1790年）起，以安徽籍艺人为主的南方四大徽班陆续进入北京。在此时期，同时接受了昆曲、秦腔的部分剧目、曲调和表演方法，又吸收了一些地方民间曲调，通过不断的交流、融合最终形成了京剧。京剧形成后经过数十年的发展，在剧目、表演、音乐、唱腔、舞美等方面都有了很大提高，到光绪年间趋于成熟，并呈现出繁荣局面。名角辈出，群星争辉，流派纷呈，涌现出"同光十三绝"等一大批著名演员，如老生"后三杰"谭鑫培、孙菊仙、汪桂芬；小生中的徐小香，武生中的俞菊笙、黄月山、李春来、杨月楼；旦角中的余紫云、陈德霖、王瑶卿、龚云甫；净行中的何桂山、黄润甫、金秀山、刘永春；丑角中的杨鸣玉、刘赶三，等等。与此同时，京师的戏班大大增加，多达数十个。大大小小的戏园子已有40余处。演出空前活跃。民国时期，京剧流播全国，有"国剧"之称。以"梅兰芳"命名的京剧表演体系，更是被视为东方戏剧表演体系的代表，成为世界三大

< 68 >

表演体系之一。京剧，作为中华民族传统文化的重要表现形式，其中的多种艺术元素被用作我国传统文化的象征符号。2006 年 5 月，京剧"式微"势头初显，被国务院批准列入第一批国家级非物质文化遗产名录；2010 年，京剧被列入联合国教科文组织人类非物质文化遗产代表名录。

京剧产业属于文化产业。文化产业产生于经济全球化的大时代背景下，同时具备文化属性与产业属性，依靠文化与创新存在。随着互联网科技与新媒体技术的快速发展，文化产业形成独树一帜、特色鲜明的商业模式，凭借其独特的价值取向和传播方式，为社会经济发展作出了巨大贡献。京剧作为国粹，具有深厚的文化底蕴和美感，于 20 世纪三四十年代风靡一时，迅速发展成为全国范围内最具影响力的剧种之一，深受广大百姓喜爱。但随着社会的发展与时代的进步，各种新的艺术形式层出不穷，京剧艺术的市场正逐渐被挤压。

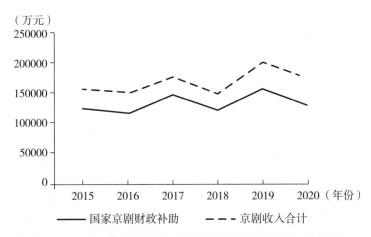

图5-1　2015—2020年国家京剧财政补助与京剧收入对比情况

数据来源：中国第三产业统计年鉴 2015 年、2016 年、2017 年、2018 年；中国文化和旅游统计年鉴 2019 年、2020 年。

人们对于戏曲的关注大不如以前，究其原因，一是京剧已经不是大多数人会首选的欣赏类型，尤其是随着现代流行音乐的出现，人们将更多的关注

< 69 >

点放在了音乐上，而非戏曲。二是人们接收的内容变得更加丰富，不论是音乐、影视还是戏剧，受众能做出的选择不断增多，审美品位也呈现出了不同的个性和差异。但是，京剧之所以被称为"国粹"肯定是有其独特的魅力和技艺传承在其中的。虽然刚刚提到过新媒体技术的发展使人们有了更多的休闲娱乐选择，但机遇与挑战往往共存。2018年中国微电影短视频发展报告中提到："在移动互联网的传播内容中，短视频以时长短、流量占用少、话题性强、易聚集用户等优势成为新的增长热点。同时，短视频也以惊人的传播力成为传播优秀传统文化的重要载体，也成为推动中华优秀传统文化创造性转化和创新性发展的重要渠道。"在此背景下，传统文化行业也在努力抓住新机遇。现在，线上"云"模式参观和学习成为很多受众的首选方式。因此，一些戏曲类博主开始在短视频中进行相关的科普视频推荐，也让更多的年轻人重新开始了解戏曲，热爱戏曲。

三、戏剧影视

就文化地理学的角度而言，明清的北京实际上是一个独立的文化区。从休闲学的角度看，北京是一个独立的休闲文化区。自新中国成立以来，凭借重新形成的政治语境和文化管理体系，我国戏剧发展步入了全新的历史阶段，开始与新中国共同成长并不断蜕变。70多年来，戏剧创作始终与民族使命同频、与时代精神共振，以其独有的艺术审美形态，见证并记录了新中国的崛起以及社会转型中的嬗变。近年来，随着北京的经济、文化等飞速发展，国内外文化的交流活动日益频繁，北京的戏剧市场逐渐呈现出繁荣景象。中国国家话剧院、北京人民艺术剧院、中国儿童艺术剧院等大型剧团专业性强、组织规模大，且历史传承深厚。这些剧团也为人们的休闲娱乐活动作出了极大贡献。

除此之外，北京的戏剧影视行业更是飞速发展，广播影视产业保持快速

< 70 >

发展态势，取得了令中国和世界同行瞩目的成就。北京拥有全国最大的广播影视人才储备。中国传媒大学、北京电影学院、中央戏剧学院等全国最重要的艺术高等院校，中国电影集团等全国最大的影视制作机构，中国爱乐乐团等全国最著名的文化艺术院团，中国电影博物馆等全国最出色的艺术科研机构大多集中在北京。另外，北京的中科院院士、工程院院士、博士生导师也是全国各省区市中最多的，这些专业人才是北京发展文化创意产业极为丰富的人才储备。北京拥有发展广播影视产业的强力政策支持。北京市委、市政府高度重视广播影视业发展，把广播影视业作为新的经济增长点，按照国家的统一部署，积极推进体制改革和机制创新，出台了一系列鼓励广播影视产业发展的政策措施，并取得了积极成果。优质的影视作品受到更多人的关注和喜爱，同样也为影视行业的正向发展提供了巨大动力。

< 71 >

第六章

繁荣的教育事业

一、北京市学前教育发展情况概述

根据北京市教育委员会统计，截至 2022 年，北京市共有幼儿园 2000 所，在园幼儿数为 56.67 万人，教职工人数为 9.83 万人，专任教师为 4.47 万人。2010—2021 年，北京市幼儿园数量逐年增加，在园幼儿、教职工和专任教师人数同样有明显增长，北京市学前教育规模持续扩大。《北京市学前教育发展状况监测报告（2020—2021 学年）》显示，截至 2021 年 3 月 31 日，通过加大财政经费投入，全市在保持幼儿园普惠率稳定和幼儿园公办比例、扩大社区办园点规模等方面成效显著。

（一）全市在园幼儿数情况

截至 2021 年 3 月 31 日，全市共有公办幼儿园 1276 所（含 317 所分园、址），民办幼儿园 1067 所（含 86 所分园、址），社区办幼儿园 501 个（图 6–1）。公办园在园幼儿 30.3 万人，民办园在园幼儿 22.5 万人，社区办园在园幼儿 5.6 万人，合计 58.4 万人。

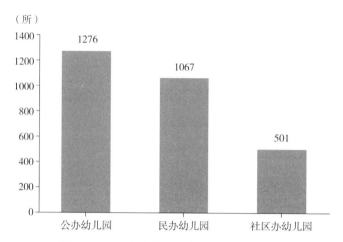

图6-1 2020年北京市各类幼儿园开办情况

数据来源：教育部教育统计数据

（二）全市幼儿园改扩建情况

2020年10月至2021年3月，全市各区新建、改扩建幼儿园共158所，新增各类学位3.16万个，其中已经用于招生学位1.86万个，已经具备招生条件的学位1.29万个。全市有16所各类幼儿园（点）因修缮、办园资质等客观原因停止招生，涉及学位2137个，主要涉及东城、朝阳、石景山、房山、昌平、大兴、怀柔、延庆等8个区。

（三）全市幼儿园入园率、普惠率和公办幼儿园占比情况

截至2021年3月，全市幼儿园"入园率、普惠率、公办幼儿园占比"已经达到教育部《县域学前教育普及普惠督导评估办法》中的指标和标准，适龄儿童毛入园率达到90%，普惠性幼儿园覆盖率为86.65%，公办幼儿园占比51.91%。

< 76 >

（四）全市教育经费情况

2020 年，市级财政聚焦"幼有所育"，在一般公共预算支出中投入 35 亿元，用于实施第三期学前教育行动计划，支持发展普惠性幼儿园，惠及全市 1150 家普惠性幼儿园 32 万在园儿童。特别是在新冠肺炎疫情期间，市教委出台一系列帮扶措施，帮助运转困难的民办幼儿园渡过难关，稳定了民办幼儿园的教师队伍。

监测数据显示，2020 年市区两级财政性学前教育经费总计达到 134.97 亿元，增长了 9.31%。其中市级用于学前教育的专项经费达到 38.44 亿元，区级达到 21.41 亿元，共计 59.85 亿元，增长了 12%。教育费附加用于学前教育为 1.02 亿元。用于支持其他部门、地方企业、事业单位、部队和集体办园投入经费总数为 16.56 亿元。用于支持普惠性民办园投入经费总额达到 22.83 亿元，增长了 55%。

（五）全市幼儿园硬件设施情况

全市幼儿园校舍建筑总面积 567.2 万平方米，比上年增加 11.30%。全市幼儿园占地总面积 846.48 万平方米，比上年增加 9.48%。全市生均幼儿园校舍面积 10.79 平方米。全市生均绿地面积、生均户外活动场地面积指标达到国家标准规定的基本要求，并高于全国平均水平。

（六）全市幼儿园师资规模情况

全市幼儿园教职工总数 8.85 万人，较上年 7.98 万人增加 11%，其中专任教师数占比 50.57%，达到 4.47 万人，较上年 4.12 万人增加 8.5%。全市幼儿园教职工结构相对稳定，专任教师占比 50.57%，较 2019 学年（51.63%）

< 77 >

下降 1.06 个百分点；保育员占比 16.81%，较 2019 学年（16.49%）提高 0.32 个百分点（图 6-2）。

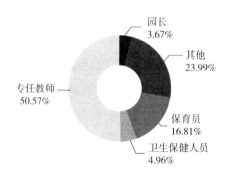

图6-2　2020年北京市幼儿园教职工结构占比情况

数据来源：教育部教育统计数据

（七）全市幼儿园师资职称情况

全市幼儿园师资学历水平达到大专及以上的为 95.62%，较上年有所提高。全市幼儿园教师中评聘为正高级专业技术职务的有 23 人（上年 12 人）；评聘为中级及以上专业技术职务的教师占比为 17.81%。全市幼儿园园长和教师专业技术职务评聘率达到 48.55%，较上年提高了 2.4%。从各区幼儿园师资学历及职称比较可以看出，在学历和职称两项指标上，东城、西城等区综合表现突出；海淀、门头沟、密云、顺义、石景山、延庆、怀柔等区两项指标居中，都高于全市平均水平。

二、北京市义务教育发展情况概述

（一）在校学生情况

截至 2021 年，北京市共有 837 所小学，在校生 103.6584 万人，毕业生

< 78 >

人数 13.4051 万人，根据各区学生基本情况，海淀区、朝阳区、西城区毕业生总数位列前三，分别为 26606 人、19988 人、12880 人。与 2020 年的数据相比，三区毕业生人数变动不大，增减幅度在 100 人到 900 人。

北京市共有 667 所普通中学，其中，初中在校生 34.9611 万人，毕业生 87856 人，与 2020 年的毕业生人数基本相同；高中在校生 17.6095 万人，毕业生 45077 人，比 2020 年的毕业生人数减少 7000 余人。北京市共有 109 所中等职业学校，毕业生 22339 人，比 2020 年减少 5000 余人。

（二）师资基本情况

截至 2020 年，全市小学教职工总数 62495 人，较 2019 年 61934 人增加了 0.9%，其中专任教师数占比 90.27%，达到 5.64 万人。全市小学教职工结构相对稳定，专任教师占比 90.27%。

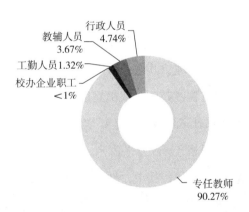

图6-3　2020北京市小学教职工结构占比情况

资料来源：教育部教育统计数据

全市初中教职工总数 9.29 万人，较 2019 年 9.13 万人增加了 1.7%，其中专任教师数占比 79.33%，达到 7.37 万人，较 2019 年 7.13 万人增加了 3.3%。全市小学教职工结构相对稳定，专任教师占比 79.33%。

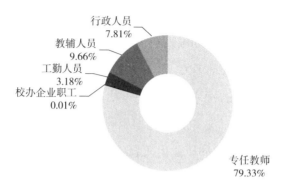

图6-4 2020北京市初中教职工结构占比情况

资料来源：教育部教育统计数据

　　全市小学师资学历达到本科及以上学历水平的为94.73%，较上年有所提高。全市初中师资学历达到本科及以上学历水平的为75.35%。

（三）硬件设施情况

　　全市小学校舍建筑面积767.4万平方米，比上年增加了1.1%。全市小学教学及辅助用房面积结构合理，其中，教室面积占比77.62%、实验室面积占比5.81%、图书馆面积占比5.28%、微机室面积占比4.03%、语音室面积占比0.44%、体育馆面积占比6.82%，较上年变动幅度不大。

　　全市初中校舍建筑面积458.6万平方米，比上年增加了3.5%。全市初中教学及辅助用房面积结构合理，其中，教室面积占比62.25%、实验室面积占比16.60%、图书馆面积占比6.17%、微机室面积占比4.55%、语音室面积占比0.83%、体育馆面积占比9.59%，较上年变动幅度不大。

（四）教育经费情况

　　北京市公共财政教育经费由2010年的505.78亿元增长至2020年的

< 80 >

1128.00 亿元，与全国其他各省区市相比位列中等，10 年增长率为 123%。其中，义务教育的公共财政经费由 2010 年的 197.77 亿元增长至 2015 年的 338.78 亿元，5 年增长率为 71%，快于总体公共财政教育经费的增长速度。

　　2010—2013 年，北京市政府加大力度发展义务教育，不断增加对义务教育的财政投入，2013 年义务教育所占比例超过总投入额半数，随后投入比例逐步下降。义务教育中，小学和初中教育的经费投入在 2014 年之前均保持稳定增长，小学的增长速度更快，年平均增长率为 17%，比初中高 5 个百分点。在分配比例上，小学教育的经费投入一直在 55% 以上，且持续增加，2020 年小学教育经费占义务教育总经费的比例为 62%。

（五）发展规划情况

　　北京市教委发布的《北京市"十四五"时期教育改革和发展规划（2021—2025 年）》明确提出两个目标：到 2025 年，北京义务教育就近入学比例要超过 99%；到 2025 年，北京高考高招比例要超过 90%。计划在未来 5 年加快中小学学校建设，北京全市新建、改扩建和接收居住区教育配套中小学 150 所左右，完成后新增学位 16 万个左右。通过"市建共管"或"市建区办"方式，统筹北京全市优质教育资源支持学校建设，建成后提供优质中小学学位 5 万个左右。

（六）均衡发展情况

　　基于对北京市基础教育发展现状的充分认识，北京市加强顶层设计，科学规划，围绕促进公平和提高质量的发展主线，推进义务教育优质均衡发展。2019 年，通过进一步发挥优质教育资源的引领、辐射作用，优化中小学集团化办学布局，让更多孩子享受到优质基础教育，该项工作纳入市政府民

< 81 >

生实事。截至目前，全市有各类教育集团 158 个，学区 131 个，2/3 以上的中小学校纳入学区制管理。2019 年，新增 100 所集团化办学覆盖学校，涉及朝阳、昌平、顺义、怀柔、大兴、平谷、密云、房山、门头沟等 9 个区。城乡学校一体化发展项目共支持全市一般学校近百所。高校、教科研部门、民办教育机构支持两百余所学校发展。经过近几年的努力，北京市义务教育优质均衡发展取得了阶段性成果，得到了社会和百姓的认可。

三、北京市高等教育发展情况概述

（一）北京市高等教育总体情况

2020 年本市共有 110 所高等学校，包括 92 所普通高等学校、18 所成人高等学校。其中，高等学校（机构）研究生在校生共 43.03 万人，预计毕业生 15.06 万人；普通研究生在校生共 40.99 万人，预计毕业生 14.2498 万人；普通本科在校生共 52.77 万人，预计毕业生 13.27 万人；普通专科在校生共 6.8 万人，预计毕业生 27501 人。

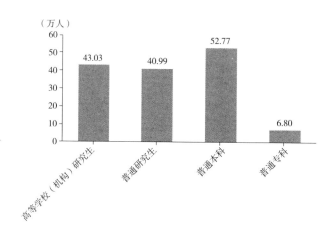

图6-5 2020年北京市各类高校在校生情况

数据来源：教育部教育统计数据

< 82 >

（二）"十三五"时期北京市高等教育发展情况

"十三五"时期，北京市高等教育普及化程度持续提高。数据显示，截至 2020 年，北京普通高校在校生总规模达 97.8 万人，其中研究生在校生 38.67 万人，普通本科在校生 51.8 万人，高职高专在校生 7.3 万人。与"十二五"末期相比，研究生、本科生的招生规模均实现稳步增长，其中研究生招生规模增长较快。高校教师队伍结构也呈不断优化态势。2020 年，北京高校具有博士学位的教师占比达到 75.3%，比"十二五"末提升 19.2%；高级职称教师占比达 68.2%，比"十二五"末提升 7.4%；"双师型"教师、具有工程背景和行业背景的教师队伍得到逐步扩充，极大地满足了实践教学的需要，并配足思政教师、辅导员以及各类管理服务人员，积极推进协同育人工作。

同时，北京市各高校科技创新能力和社会服务能力不断提升。蓝皮书指出，"十三五"时期，北京高校年发表科技论文数、年专利申请数、有效发明专利数、专利所有权转让及许可等方面均较"十二五"末有较大增长，其中有效发明专利数增幅达 56.4%。

1. 主动融入京津冀协同发展战略

积极推动教育领域"疏整促"工作，5 年来压缩市属高校和中职学校招生规模近 1 万人，推动建筑大学、电影学院、城市学院等 5 所市属高校向外疏解，转移学生 3.9 万人。统筹全市优质教育资源在城市副中心规划建设 13 所优质学校，其中北京学校、黄城根小学分校等已开始招生。积极参与支持河北雄安新区建设，目前 4 所援助学校办学水平明显提升，3 所"交钥匙"学校已完成主体结构。

2. 高校数量略有增加，在校生规模稳中有降

北京作为国内优质高等教育资源较为集中的地区，早在 2010 年高等教育毛

< 83 >

入学率已达到 59% 的普及化水平。"十三五"时期,北京市明确提出不再扩大高等教育办学规模,全力支持北京非首都功能疏解。2019 年,北京市共有普通高校 93 所(市属高校 54 所,部委属高校 39 所),比 2015 年增加 3 所,其中市属高校 1 所,部委属高校 2 所。2019 年,北京市各类高等学历教育在校生共有 217 万人,比 2015 年新增 28 万人,但主要是网络本专科生增加了 34 万人。

3. 普通本专科生规模稳定,研究生规模逐年增加

2019 年,北京市共有普通本专科在校生 58.6 万人。部委属高校在校生 32.27 万人,占比 55.1%;市属高校在校生为 26.32 万人(公办 20.62 万人、民办 5.7 万人),占比 44.9%。总体来看,"十三五"期间北京市普通本专科在校生规模基本稳定,平均保持在 58 万人左右。而北京市在校研究生规模呈逐年增长趋势,"十三五"期间平均每年增长 2 万人以上,2019 年比 2015 年增长了 27%。2019 年,博士研究生为 10.08 万人,占比 28%,硕士研究生为 25.98 万人,占比 72%;北京市共有 59 所高校和 88 个科研机构培养研究生,高校有 34.17 万名在校生,占比 94.8%,科研机构为 1.89 万人,占比仅为 5.2%。

4. 成人本专科生数逐年下降,网络本专科生数快速上涨

2019 年,北京市共有独立设置的成人高校 18 所,比 2015 年减少了 1 所;成人高等学历教育在校生数为 12.97 万人,比 2015 年减少了 7.46 万人,减少占比为 36.5%。"十三五"期间,成人本专科生数呈逐年下降趋势,平均每年减少 1.87 万人。与成人本专科生数的变化相反,北京市网络本专科生数量在"十三五"期间呈现出逐年上涨的趋势,从 2015 年的 73.03 万人上涨到 2019 年的 107.25 万人,增长了 46.9%。其中,网络专科生数为 60.1 万人,占比 56%;网络本科生数为 47.2 万人,占比 44%。

< 84 >

5. 在职人员攻读研究生数迅速减少，与"十二五"期间截然相反

"十三五"期间，北京市在职人员攻读研究生学位的人数逐年迅速减少，2019 年仅为 2.14 万人，比 2015 年减少了 6.16 万人，减少占比 74.2%，平均每年减少近 20%，与"十二五"期间截然相反。"十二五"期间，北京市在职人员攻读研究生数呈现出逐年增加的趋势，到 2014 年达到了最高值 8.7 万人，比 2011 年增长了 33.8%。

（三）北京高等教育高质量发展的七项创新举措

1. 促进高等教育分类发展

进入 21 世纪以来，随着我国高等教育逐步向大众化、普及化阶段迈进，高等学校分类发展成为迫切需要研究和解决的现实问题。"十三五"时期，北京高等教育确立了内涵式发展、特色发展、差异化发展的总体思路，逐一研究并明确市属高校办学定位，出台《北京市属公办本科高校分类发展方案》，将北京高校明确划分为高水平研究型、高水平特色型、高水平应用型、高水平技能型四种类型，推动其在不同层次、不同学科和不同领域办出特色、争创一流。

2. 持续实施"实培""外培""双培"计划

深入推进协同育人，北京启动了"实培""双培""外培"计划。"实培"计划通过本科教育教学重点实验室建设及共享实习实训基地建设，极大拓展实践教学资源，有效提升学生实践创新能力。"双培"计划通过大力支持北京学院建设，鼓励高等学校强强联合培养人才，促进学生跨校成长成才。"外培"计划则探索了国际化人才培养新模式，培养具有国际视野和多元文化交流能力的专门人才。

< 85 >

3. 统筹推进北京市一流专业建设

为推动高校整合办学资源、优化专业结构、强化优势特色，建成一批强势专业、行业急需专业、新兴交叉复合专业，在积极响应国家一流大学、一流学科建设的基础上，北京市针对本科高校专业，2017 年启动一流专业建设，首批在市属高校遴选 50 个左右一流专业进行重点建设。其中，每个专业建设周期为 5 年，理工农医类专业每年支持 600 万元，其他类专业 300 万元。2019 年，实施北京高校第二批一流专业遴选建设，进一步将央属院校纳入统筹考虑，共面向在京部属高校和市属高校遴选了 100 个重点建设一流专业进行建设。北京一流本科专业遴选与建设对于引导高校重视本科教育教学工作、不断提升人才培养质量、强化办学优势和特色等产生了积极效果。

4. 打造高精尖创新中心

为加快打造高水平创新团队，提升承担国家和本市重大项目及工程的能力，形成一批重大原始创新成果，"十三五"时期北京市共认定 22 个北京高等学校高精尖创新中心。高精尖创新中心研究范围涵盖工程科学与新兴技术、未来芯片技术、大数据科学与脑机智能、智能机器人与系统、软物质科学与工程等领域。北京市财政对高精尖创新中心按照项目建设周期给予支持，5 年为一周期，每年给予每个中心 5000 万 ~1 亿元的经费投入。原则上不低于 70% 的经费额度要用于国际创新人才的聘用、国内创新人才资源的整合。经过"十三五"时期的建设，北京各高精尖创新中心聚拢了一大批高水平科研人才，均产出一批高水平科研成果。

5. 建设高精尖学科

为进一步推动高校学科建设水平提升，2019 年，北京启动高校高精尖学科建设，首批遴选 53 所高校 99 个高精尖学科，每个学科在建设周期内按照最高 5000 万元的总额予以支持，引导高校切实把学科建设与学校的整体发

< 86 >

展和能力提升结合起来，探索学科建设新路径，努力形成一批国际或国内一流的优势特色学科以及新兴前沿交叉学科，繁荣一批人文社会学科，更好地服务于首都"四个中心"、世界一流和谐宜居之都建设。

6. 研制北京版本科教学工作审核评估方案

在教育部方案基础上，北京市立足实际，按照"首善标准"，形成了具有北京特色的本科教学工作审核评估方案。方案坚持了主体性、目标性、多样性、发展性和实证性五项基本原则，考察重点在教育部方案"四个度"的基础上，结合北京市实际增加了专业定位、建设和人才培养目标的达成度，发展成为"五个度"。在教育部方案设定的评估范围基础上，北京方案结合实际进行了适当优化调整，新增 1 个审核要素和 15 个审核要点，补充完善1 个审核要素和 6 个审核要点。评估范围做到了六个突出，即突出高等教育立德树人的根本任务，突出人才培养的中心地位，突出以学习者为中心的人才培养模式要求，突出教师队伍建设的根本保证，突出服务区域经济社会发展的导向，突出本科教学质量保障体系"评价—反馈—改进—提升"的闭环管理。

7. 打造高校大学生创业孵化体系

创新创业是党和国家的重要政策和导向，为落实国家政策，北京市颁布《北京高校高质量就业创业计划》等一系列文件，为大学生提供创业指导与孵化服务，促进大学生实现高质量就业创业。通过不断建设，北京市形成了"一街三园多点"的高校大学生创业教育和创业孵化体系，其中"一街"即"中关村大学生创业一条街"，"三园"分别指的是良乡高教园、中关村软件园和北京高校大学生就业创业大厦这三个市级大学生创业园，"多点"为大学生创业园高校分园，到 2019 年已达 25 个。北京地区高校大学生创业孵化体系已成为首都大学生创新创业的重要支撑载体。

< 87 >

四、北京市职业教育发展情况概述

（一）办学规模

2020 年，北京独立设置高等职业院校 25 所，其中北京市教育委员会所属高等职业院校 4 所、其他委办局或总公司所属高等职业院校 10 所、区县政府所属高等职业院校 2 所、民办独立设置高等职业院校 9 所。此外，还有 12 所普通本科院校和 3 个其他机构举办的高等职业教育。

北京现有国家和北京市两级示范性高职院校 12 所，其中国家重点建设示范性高职院校 4 所、国家重点建设骨干高职院校 2 所，两级示范性院校占北京高职院校的 48%；北京市有 7 所高职院校入选"中国特色高水平高职学校和专业建设计划"（国家级"双高校"），8 所高职院校入选北京市特色高水平职业院校建设计划（北京市"特高院校"），分别占北京高职院校总数的 28% 和 32%。2020 年，北京高等职业教育（含本科院校举办高职教育）在校生总数达到 7.28 万人，招生数 2.57 万人，毕（结）业生数 2.58 万人[①]。其中，北京市 25 所独立设置高职院校和首钢工学院全日制普通高职学历教育在校生总数 6.07 万人，其中高中起点在校生 3.65 万人、中职起点在校生 2.22 万人（包括五年制后二年转段学生 0.5 万人）；25 所独立设置高职院校和首钢工学院全日制高职招生数 2.51 万人，其中基于高考招生数 1.12 万人中，高考直接招生人数 0.83 万人、"知识＋技能"招生人数 0.29 万人；在其他招生方式招生的 1.39 万人中，对口招生人数 0.06 万人、单独考试招生人数 0.56 万人、综合评价招生人数 0.08 万人、中高职贯通招生人数 0.60 万人、技能拔尖人才免试招生人数 0.03 万人、补充方式招生人数 0.07 万人；高职应届毕业生总人数 2.14 万人，就业人数 1.93

---

① 数据来源：《北京市教育事业统计资料》（2020—2021 年），北京市教育委员会规划处编（北京市教育委员会规划处提供）。

万人，就业率90.23%。^① 2020年，北京高等职业教育专业设置覆盖19个专业大类，其中高职院校专业设置覆盖17个专业大类。高职院校专业设置三、二、一产业专业数分别为410个、283个、68个。北京高职院校专业大类的学生分布及专业设置与北京三、二、一产业结构相适应。

北京市依托国家、北京两级特色高水平专业（专业群）建设项目，加强专业建设和发展。北京共有7所院校的10个高职专业（群）入选中国特色高水平专业建设计划、15所院校的22个专业（群）入选北京市第一批特色高水平骨干专业（群）建设；10所院校的16个专业（群）入选北京市第二批特色高水平骨干专业（群）建设。截至2020年，北京市两批特色高水平建设骨干专业（群）38个，专业（群）建设与北京高精尖产业结构、城市运行与发展、高品质民生需求高度契合。

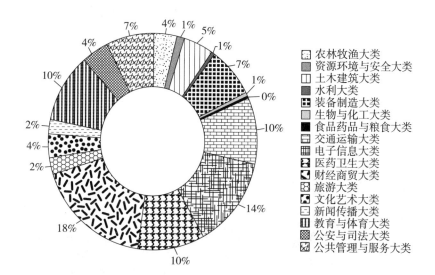

图6-6 2020年北京高职院校专业大类在校生分布情况

---

① 数据来源：北京高等职业院校质量报告（2020）各院校报送数据（http://edu.zwdn.com/）。

< 89 >

（二）办学资源

2020 年，北京高职院校（含首钢工学院）占地面积 726.36 万平方米、校舍总建筑面积 408.83 万平方米，教学行政用房面积 189.12 万平方米；固定资产总值 128.53 亿元，其中教学、科研仪器设备资产总值 39.45 亿元；有纸质图书 1111.59 万册、电子图书 1137.81 万册；实习实训基地总数 1330 个，其中校内实践基地（工位数）69218 个、校外实训基地 2162 个；职业技能鉴定站 307 个；计算机总数 67443 台。2020 年，北京高职院校教职工总数 0.88 万人，专任教师总数 0.43 万人，其中，高级职称教师占专任教师比例为 36.52%，"双师型"教师占专任教师比例为 60.58%，研究生学历或硕士及以上学位教师占专任教师比例为 64.25%。另外，兼职教师总数为 0.17 万人，省级及以上教学名师为 135 人。2020 年，北京高职院校办学条件 12 项核心

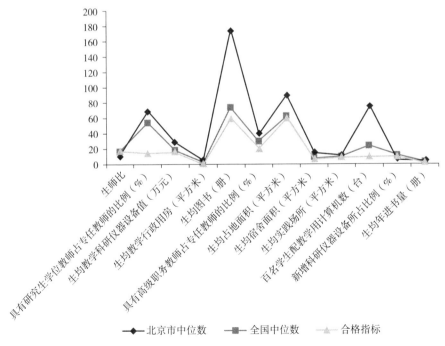

图6-7　2020年北京高职基本办学条件核心指标水平

< 90 >

指标（中位数）数据显示，除新增科研仪器设备所占比例之外，北京高职院校基本办学条件11项核心指标均达到合格指标要求并超过全国水平。其中生师比、具有研究生学位教师占专任教师的比例（％）、生均教学科研仪器设备值（万元）、生均图书（册）、百名学生配教学用计算机数（台）等指标水平大幅领先。近3年相关数据显示，北京高职院校办学核心指标生均值中位数3年持续领先全国水平。

五、北京市职业教育发展特点分析

北京市职业院校产教融合专业建设特点：

一是北京市职业院校通过产教融合开展专业建设的覆盖范围广、时间长，且内容丰富。北京市职业院校产教融合专业建设工作开展由来已久。调查中的专业全部是在专业建设之初就开始借助行业企业的力量进行专业建设。其中有近15%的专业是在1980年以前建立的。行业企业已经深入专业建设的所有要素和环节，且建设形式多样。

二是企业在参与职业教育专业建设中投入了支撑专业发展的核心资源。企业投入支持专业建设的资源排在前三位的是技术和信息、人力、课程。这三项资源相对于实训设备、场地、品牌资源、战略资源、资金，对一个专业的发展来说，是维持专业竞争力和体现专业自身特色的核心要素。因此，在通过产教融合促进专业建设的过程中，职业院校把握住了校企合作的关键点。

三是职业院校专业教师队伍基本符合国家政策要求。北京市中高职院校双师型教师相对规模相当，基本能符合国家政策要求。北京市高职院校兼职教师相对规模大于中职学校。兼职教师在职业院校承担的任务主要是专业课教学、实习指导、课程建设等方面。承担教学任务的形式以边工作边兼课为主，鉴于教师资格门槛以及个人职业发展需要，少部分企业人员会"调入学

< 91 >

校工作"。北京市中高职专业教师下企业实践平均时长相当，几乎全部达到《现代职业教育体系建设规划（2014—2020年）》中"专业教师每两年专业实践的时间累计不少于两个月"的基本要求。高职院校下企业实践教师相对规模大于中职学校。半数下企业实践教师能接触企业核心岗位。

四是职业院校各专业拥有多样化的实习实训基地。在实习实训基地类型上，校外实训基地是职教专业最主要的实训基地类型，而校内生产性实习实训基地相对较少。原因是校外实训基地与职业岗位的直接对接决定了它能更好地发挥教学效果，因而成为首选类型。而校内生产性实训基地因为建设成本高、标准高，不是所有专业都具备建设能力，因此相对较少。大部分专业同时具有多种类型实训基地，其中以同时具有校内模拟实训基地和校外实训基地的专业最多。实习实训基地功能主要围绕教学、培训、社会服务展开，研发功能发挥不够。企业在参与实训基地建设的内容上以提供实习岗位、场地、培训为主，提供资金支持较少。

五是职业院校具有较为规范的产教合作管理机构和制度。在管理机构上，大部分专业所在学校都设有校企合作专门管理机构，管理人员由学校教职工构成。在管理制度上，几乎所有专业，其所在学校都制定了校企合作管理制度，并签订了书面的合作协议。

六是北京市职业教育产教融合程度处于"产教结合，还未融合"的过渡阶段。整体而言，北京市职业教育产教融合程度处于产教结合但还不紧密的过渡阶段，高职专业产教融合程度高于中职专业。从调查结果看，对专业产教融合程度会产生影响的因素有：是否参与职教集团，参与职教集团的专业产教融合程度明显高于不参与的专业；教师专业化水平，保障教师下企业实践时长，进而提升教师专业化程度，有利于提升专业产教融合度；合作企业行业地位，由于行业地位高的企业拥有更高水平的产业资源，能够更好地把控或代表行业标准，因而能够帮助合作学校开展更为贴近行业规范和标准的人才培养活动，从而有利于提升专业产教融合程度；企业参与度，企业参与

< 92 >

度越高，专业的产教融合程度越高。

　　七是职教专业产教融合程度与专业建设效果呈正相关。北京市产教融合专业建设效果达成度处于由"一般"向"较符合"迈进的过渡阶段，产教融合专业建设效果满意度处于由"一般"向"较满意"迈进的过渡阶段，北京市职教专业产教融合程度与专业建设效果呈正向相关。随着专业产教融合程度的提高，专业建设效果满意度越高，专业建设效果达成度越高，毕业生的岗位适应度就越高。

第七章

快速发展的经济

经济发展指的是一个国家或者地区人口的平均福利增长过程。经济发展不仅仅是指财富数量方面的增长，还意味着产业结构的优化和经济质量的提高等多方面提升。本章从经济规模、经济结构和增长速度等方面来对北京整体和四大功能区[①]的经济发展情况进行分析。

一、全市三次产业

（一）经济规模

从表 7-1 可知，北京经济规模逐步扩大，地区生产总值由 2008 年的 11813.1 亿元增加到 2020 年的 36102.6 亿元，增加了 24289.5 亿元，是 2008 年的 3.06 倍。其中第一产业从 2008 年的 111.4 亿元增加到 2013 年的 159.8 亿元，随后稳步下降，2020 年达到 107.6 亿元，比 2008 年减少了 3.8 亿元；第二产业发展迅速，从 2008 年的 2526.7 亿元增加到 2020 年的 5716.4 亿元，增加了 3189.7 亿元，是 2008 年的 2.26 倍；第三产业发展迅猛，从 2008 年的 9175.1 亿元增加到 2020 年的 30278.6 亿元，增加了 21103.5 亿元，是 2008 年的 3.3 倍。

---

① 根据 2005 年《中共北京市委、北京市人民政府关于区县功能的定位及评价指标的指导意见》，将北京 16 个区县分成首都功能核心区、城市功能拓展区、城市发展新区和生态涵养发展区。其中首都功能核心区包括东城区和西城区；城市功能拓展区包括朝阳区、海淀区、丰台区和石景山区；城市发展新区包括顺义区、昌平区、房山区、通州区和大兴区；生态涵养发展区包括门头沟区、平谷区、怀柔区、密云区和延庆区。为简单起见，本文将分别称为核心区、拓展区、新区和涵养区。

< 97 >

表 7-1　2008—2020 年北京市产业规模　　　　单位：亿元

年份	2008	2009	2010	2011	2012	2013	2014
地区生产总值	11813.1	12900.9	14964.0	17188.8	19024.7	21134.6	22926.0
第一产业	111.4	116.8	122.8	134.5	148.4	159.8	159.2
第二产业	2526.7	2736.4	3233.1	3563.3	3856.0	4168.3	4433.0
第三产业	9175.1	10047.7	11608.1	13491.0	15020.3	16806.5	18333.9
年份	2015	2016	2017	2018	2019	2020	
地区生产总值	24779.1	27041.2	29883.0	33106.0	35445.1	36102.6	
第一产业	140.4	129.8	121.9	120.6	114.4	107.6	
第二产业	4419.8	4665.8	5049.4	5477.4	5667.4	5716.4	
第三产业	20218.9	22245.7	24711.7	27508.1	29663.4	30278.6	

数据来源：根据历年《北京区域统计年鉴》整理、计算得到

（二）经济结构

从表 7-2 可知，在三次产业中，第一产业占比非常低，从 2008 年的 0.9% 下降到 2020 年的 0.4%；第二产业占比稳步下降，由 2008 年的 21.4% 下降到 2020 年的 15.8%，下降了 5.6 个百分点；第三产业占比非常高，由 2008 年的 77.7% 逐渐上升到 2020 年的 83.8%，上升了 6.1 个百分点。

表 7-2　2008—2020 年北京市三次产业占比　　　　单位：%

年份	2008	2009	2010	2011	2012	2013	2014
第一产业	0.9	0.9	0.8	0.8	0.8	0.8	0.7
第二产业	21.4	21.2	21.6	20.7	20.3	19.7	19.3
第三产业	77.7	77.9	77.6	78.5	79.0	79.5	80.0
年份	2015	2016	2017	2018	2019	2020	
第一产业	0.6	0.5	0.4	0.4	0.3	0.4	
第二产业	17.8	17.3	16.9	16.5	16.0	15.8	
第三产业	81.6	82.3	82.7	83.1	83.7	83.8	

数据来源：根据历年《北京区域统计年鉴》整理、计算得到

< 98 >

（三）增长速度

从表 7-3 可知，经济增长速度总体上呈现先升后降的趋势。地区生产总值的增长速度由 2009 年的 9.2% 增加到 2010 年的 16.0%，随后出现波动，降到 2015 年的 8.1% 后在 2018 年反弹到 10.8%，此后呈下降的趋势，到 2020 年增长速度降为 1.9%，比 2009 年下降了 7.3 个百分点，但平均增长速度还是很高的，达到了 9.8%。第一产业的增长速度波动较大，从 2009 年的 4.8% 增长到 2012 年的 10.3% 后迅速下降，此后呈现负增长趋势，2015 年更是达到了 11.8% 的负增长，12 年来平均增长速度为 0；第二产业的增长速度波动也较大，从 2009 年的 8.3% 猛增到第二年的 18.2% 后迅速下降，2015 年甚至出现 0.3% 的负增长，平均增长速度达到了 7.2%；第三产业的增长速度的走势大体同地区生产总值一致，从 2009 年的 9.5% 增加到 2011 年的 16.2% 后在波动中下降，到 2020 年降到了 2.1%，平均增长速度高达 10.5%，高于地区生产总值的增长速度。

表 7-3　2009—2020 年北京市三次产业增速　　　　　单位：%

年份	2009	2010	2011	2012	2013	2014	2015	2016	2017	2018	2019	2020	平均
地区生产总值	9.2	16.0	14.9	10.7	11.1	8.5	8.1	9.1	10.5	10.8	7.1	1.9	9.8
第一产业	4.8	5.1	9.5	10.3	7.7	−0.4	−11.8	−7.5	−6.1	−1.1	−5.1	−5.9	0
第二产业	8.3	18.2	10.2	8.2	8.1	6.4	−0.3	5.6	8.2	8.5	3.5	0.9	7.2
第三产业	9.5	15.5	16.2	11.3	11.9	9.1	10.3	10.0	11.1	11.3	7.8	2.1	10.5

数据来源：根据历年《北京区域统计年鉴》整理、计算得到

< 99 >

（四）三次产业贡献率

从表 7-4 可知，第一产业对经济增长的贡献由正转负；第二产业对经济增长的贡献有所波动，最高为 2010 年的 30.2%，2018 年下降到 10.0%，2020 年达到 30.0%；第三产业对经济增长的贡献占绝对地位，2008 年甚至达到 99.0%，此后几年在下降中有所波动，但在 2015—2019 年仍超过 86%，2020 年为 72.6%。

表 7-4　2008—2020 年北京市三次产业贡献率　　　　单位：%

年份	2008	2009	2010	2011	2012	2013	2014	2015	2016	2017	2018	2019	2020
第一产业	0.2	0.4	−0.1	0.1	0.3	0.3	0	−1.0	−0.7	−0.3	−0.1	−0.3	−2.6
第二产业	0.8	23.4	30.2	17.6	18.7	21.0	19.4	8.5	13.8	10.8	10.0	10.7	30.0
第三产业	99.0	76.2	70.0	82.3	81.0	78.7	80.6	92.6	86.9	89.5	90.2	89.6	72.6
工业	−1.0	15.8	26.6	16.3	13.8	16.1	13.5	0.5	9.2	9.9	8.0	6.5	15.8
建筑业	1.8	7.9	3.9	1.6	5.1	5.2	6.0	7.9	4.7	1.0	2.1	3.4	14.1

数据来源：根据历年《北京区域统计年鉴》整理、计算得到

二、部分新兴产业

（一）规模

从表 7-5 可知，新兴产业增加值呈现逐年上升的趋势，新经济从 2016 年的 9226.5 亿元增加到 2020 年的 13654.0 亿元，是 2016 年的 1.48 倍，增加了 4427.5 亿元；战略性新兴产业从 2016 年的 5654.7 亿元增加到 2020 年的 8965.4 亿元，是 2016 年的 1.59 倍，增加了 3310.7 亿元；高技术产业从 2016 年的 5888.8 亿元增加到 2020 年的 9242.3 亿元，是 2016 年的 1.57 倍，增加了 3353.5 亿元；生产

< 100 >

性服务业从 2016 年的 13032.2 亿元增加到 2019 年的 17806.1 亿元，是 2016 年的 1.37 倍，增加了 4773.9 亿元；生活性服务业从 2016 年的 6205.3 亿元增加到 2019 年的 8043.5 亿元，是 2016 年的 1.30 倍，增加了 1838.2 亿元。

表 7-5　2016—2020 年北京市新兴产业规模　　　　单位：亿元

年份	2016	2017	2018	2019	2020
新经济	9226.5	10366.0	11875.5	12850.4	13654.0
战略性新兴产业	5654.7	6619.8	7831.5	8441.9	8965.4
高技术产业	5888.8	6834.5	7996.0	8689.4	9242.3
生产性服务业	13032.2	14549.2	16449.9	17806.1	
生活性服务业	6205.3	6839.0	7475.9	8043.5	

数据来源：根据历年《北京区域统计年鉴》整理、计算得到

（二）结构

从表 7-6 可看出，新经济的占比增长较快，从 2016 年的 23.1% 增加到 2020 年的 42.9%，增加了 19.8 个百分点；战略性新兴产业的占比基本呈逐年提高的趋势，由 2016 年的 14.1% 提高到 2020 年的 28.1%，提高了 14.0 个百分点；高技术产业的占比由 2016 年的 14.7% 提高到 2020 年的 29.0%，提高了 14.3 个百分点；生产性服务业与生活性服务业的占比变化不大，生产性服务业稳定在 32.1% 左右，生活性服务业稳定在 14.9% 左右。

表 7-6　2016—2020 年北京市各产业比重　　　　单位：%

年份	2016	2017	2018	2019	2020
新经济	23.1	22.9	23.0	23.0	42.9
战略性新兴产业	14.1	14.6	15.2	15.1	28.1
高技术产业	14.7	15.1	15.5	15.6	29.0
生产性服务业	32.6	32.2	31.9	31.9	
生活性服务业	15.5	15.1	14.5	14.4	

数据来源：根据历年《北京区域统计年鉴》整理、计算得到

< 101 >

（三）增速

从表 7-7 可看出，新兴产业的增速波动幅度不大，新经济的增速由 2017 年的 12.4% 增长到第二年的 14.6% 后回落，2019 年和 2020 年分别只有 8.2% 和 6.3%，平均增长速度为 10.3%；战略性新兴产业的增速由 2017 年的 17.1% 增长到第二年的 18.3% 后回落，2019 年和 2020 年分别只有 7.8% 和 6.2%，平均增长速度为 12.3%；高技术产业的增速由 2017 年的 16.1% 增长到第二年的 17.0% 后回落，2019 年和 2020 年分别只有 8.7% 和 6.4%，平均增长速度为 12.0%；生产性服务业的增速由 2017 年的 11.6% 增长到第二年的 13.1%，2019 年下降至 8.2%，平均增长速度为 11.0%；生活性服务业的增速由 2017 年的 10.2%，连续 3 年逐年下降，2019 年下降至 7.6%，平均增长速度为 9.0%。

表 7-7　2017—2020 年北京市各产业增速　　　　单位：%

年份	2017	2018	2019	2020
新经济	12.4	14.6	8.2	6.3
战略性新兴产业	17.1	18.3	7.8	6.2
高技术产业	16.1	17.0	8.7	6.4
生产性服务业	11.6	13.1	8.2	
生活性服务业	10.2	9.3	7.6	

数据来源：根据历年《北京区域统计年鉴》整理、计算得到

三、三大需求贡献率

从表 7-8 可知，从 2008—2019 年，最终消费支出对经济增长的贡献在三大需求贡献中占据了绝对地位，但 2020 年受新冠肺炎疫情影响，我国居民失业率高，收入水平下降，导致居民可支配收入大幅下降，居民消费意愿普遍降低，最终消费支出在 2020 年出现了大的负增长，达到 -296.2%；投

< 102 >

资对经济增长的贡献波动比较大，最高为 2020 年，达到 210.6%，和最终消费支出形成鲜明对比，表明国内很多居民受疫情影响，消费观念发生巨变，通过减少消费、增加存款来抵抗疫情带来不确定性的威胁；净出口对经济增长的贡献波动也比较明显，最高为 2020 年，达到 185.6%，由于国外疫情影响，主要发达国家工业生产恢复之路受到阻碍，海外商品消费供需缺口巨大，我国出口得以发挥"替代效应"。

表 7-8　2008—2020 年北京市三大需求贡献率　　单位：%

年份	2008	2009	2010	2011	2012	2013	2014	2015	2016	2017	2018	2019	2020
最终消费支出	87.4	78.9	61.7	80.8	74.0	67.0	73.3	65.7	62.2	63.8	72.4	56.1	−296.2
资本形成总额	10.1	43.4	55.7	16.9	50.9	43.4	25.0	26.4	31.3	38.9	13.3	37.9	210.6
货物和服务净流出	2.5	−22.3	−17.4	2.3	−24.9	−10.5	1.7	7.9	6.5	−2.7	14.3	6.0	185.6

数据来源：根据历年《北京区域统计年鉴》整理、计算得到

四、社会劳动生产率

从表 7-9 可知，劳动生产率呈现上升的趋势。整体上，社会劳动生产率由 2008 年的 12.3 万元／人提高到 2020 年的 28.5 万元／人，增加了 16.2 万元／人；第一产业从 2008 年的 1.8 万元／人提高到 2020 年的 2.6 万元／人，增加了 0.8 万元／人；第二产业从 2008 年的 11.6 万元／人提高到 2020 年的 33.3 万元／人，增加了 21.7 万元／人；第三产业从 2008 年的 13.5 万元／人提高到 2020 年的 28.8 万元／人，增加了 15.3 万元／人。

< 103 >

表 7-9　2008—2020 年北京市社会劳动生产率　　单位：万元／人

年份	2008	2009	2010	2011	2012	2013	2014	2015	2016	2017	2018	2019	2020
社会劳动生产率	12.3	13.0	14.7	16.4	17.5	18.8	20.0	21.2	22.5	24.2	26.6	28.2	28.5
第一产业	1.8	1.9	2.0	2.2	2.5	2.8	3.0	2.7	2.6	2.5	2.6	2.6	2.6
第二产业	11.6	13.4	16.1	16.9	17.9	19.7	21.1	21.5	23.7	26.2	29.2	32.0	33.3
第三产业	13.5	13.9	15.4	17.3	18.4	19.6	20.7	22.1	23.3	24.9	27.3	28.7	28.8

数据来源：根据历年《北京区域统计年鉴》整理、计算得到

五、四大功能区概况

（一）第一产业

1. 规模

从表 7-10 可知，核心区没有第一产业，完全城镇化；拓展区、新区和涵养区呈现先上升再下降的趋势，拓展区从 2008 年的 3.7 亿元上升到 2012年的 4.7 亿元，此后逐年下降到 2017 年的 3.5 亿元，2019 年又上升到 5.7 亿元；新区从 2008 年的 68.9 亿元逐年上升到 2014 年的 99.1 亿元，此后逐年下降到 2020 年的 64.1 亿元；涵养区从 2008 年的 40.2 亿元上升到 2013 年的 58.6亿元，此后逐年下降到 2020 年的 38.2 亿元。

表 7-10　2008—2020 年北京市各功能区第一产业规模　　单位：亿元

年份	2008	2009	2010	2011	2012	2013	2014	2015	2016	2017	2018	2019	2020
核心区	0	0	0	0	0	0	0	0	0	0	0	0	0
拓展区	3.7	3.8	3.7	3.6	4.7	4.5	4.2	3.6	3.4	3.5	4.6	5.7	5.0
新区区	68.9	71.8	74.7	81.4	90.1	96.2	99.1	85.1	77.0	72.2	67.7	64.4	64.1
涵养区	40.2	42.6	45.8	50.9	55.0	58.6	55.1	50.8	48.6	44.4	46.3	44.0	38.2

数据来源：根据历年《北京区域统计年鉴》整理、计算得到

< 104 >

2. 结构

从表 7-11 可知，拓展区的占比从 2008 年的 3.3% 下降到 2015 年的 2.6%，此后上升到 2020 年的 4.7%；新区的占比占据绝对优势，基本稳定在 60% 左右，从 2008 年的 61.1% 小幅下降到 2013 年的 60.4%，2014 年又上升到 62.6%，此后一直在上下波动，2020 年占比为 59.7%；涵养区从 2008 年的 35.7% 上升到 2018 年的 39.0%，此后又开始逐年下降，到 2020 年占比 35.6%。

表 7-11　2008—2020 年北京市各功能区第一产业占比　　单位：%

年份	2008	2009	2010	2011	2012	2013	2014	2015	2016	2017	2018	2019	2020
核心	0	0	0	0	0	0	0	0	0	0	0	0	0
拓展	3.3	3.2	3	2.7	3.1	2.8	2.6	2.6	2.7	2.9	3.9	5.0	4.7
新区	61.1	60.7	60.1	59.9	60.1	60.4	62.6	61.0	59.7	60.1	57.1	56.4	59.7
涵养	35.7	36.1	36.9	37.4	36.7	36.8	34.8	36.4	37.6	37.0	39.0	38.6	35.6

数据来源：根据历年《北京区域统计年鉴》整理、计算得到

3. 增速

从表 7-12 可知，全市的增速从 2009 年的 4.8% 上升到 2012 年的 10.1%，第二年下降到 6.3%，随后降至 -0.6%，2015 年达到最低，为 -11.9%，平均增长速度为 -0.3%；拓展区 2009 年为 3.0%，然后连续两年为负增长，2012 年增速猛升至 29.2%，随后连续 4 年负增长，最低为 2015 年的 -14.0%，2018 年反弹至 33.2%，平均增速为 3.6%；新区从 2009 年的 4.2% 上升到 2012 年的 10.6%，随后开始下降，2015 年达到最低，为 -14.2%，平均增速为 -0.3%；涵养区从 2009 年的 5.9% 上升到 2011 年的 11.1%，随后开始下降，2017 年为 -8.6%，2018 年反弹至 4.4%，随后又开始逐年下降，平均增速为 -0.1%。

< 105 >

表 7-12　2009—2020 年北京市各功能区第一产业增速　　单位：%

年份	2009	2010	2011	2012	2013	2014	2015	2016	2017	2018	2019	2020	平均
核心	—	—	—	—	—	—	—	—	—	—	—	—	—
拓展	3.0	-2.8	-2.1	29.2	-4.2	-7.4	-14.0	-4.0	0.8	33.2	23.9	-12.3	3.6
新区	4.2	4.1	9.1	10.6	6.7	3.1	-14.2	-9.4	-6.3	-6.2	-4.9	-0.5	-0.3
涵养	5.9	7.5	11.1	8.0	6.6	-6.1	-7.7	-4.4	-8.6	4.4	-5.0	-13.2	-0.1
全市	4.8	5.1	9.5	10.1	6.3	-0.6	-11.9	-7.5	-7.0	-1.1	-2.5	-8.5	-0.3

数据来源：根据历年《北京区域统计年鉴》整理、计算得到

（注：地区生产总值各区合计数不等于全市总数是由于各区的数据中扣除了划归市一级核算部分）

（二）第二产业

1. 规模

从表 7-13 可知，第二产业的规模呈现逐年递增趋势，核心区从 2008 年的 241.9 亿元增加到 2020 年的 325.8 亿元，十几年间增加了 0.3 倍；拓展区从 2008 年的 907.6 亿元增加到 2020 年的 1323.1 亿元，十几年间增加了 0.46 倍；新区从 2008 年的 694.9 亿元增加到 2020 年的 3179.5 亿元，十几年间增加了 3.6 倍；涵养区从 2008 年的 218.9 亿元增加到 2020 年的 426.5 亿元，十几年间增加了 0.95 倍。

表 7-13　2008—2020 年北京市各功能区第二产业规模　　单位：亿元

年份	2008	2009	2010	2011	2012	2013	2014	2015	2016	2017	2018	2019	2020
核心	241.9	238.5	277.7	298.7	324.6	341.2	368	373.8	385.1	413.9	462.5	363.5	325.8
拓展	907.6	912.4	1025	1104.6	1188.1	1214.1	1310.4	1315.1	1374.8	1490.2	1530.5	1258.5	1323.1
新区	694.9	858.4	1092.3	1255.5	1908.3	1493.8	1607.1	1633.8	1809.5	1957.5	2077.2	3213.5	3179.5
涵养	218.9	234.4	271.8	315.3	340.7	374.6	411.4	422.1	458.3	494.5	503.3	462.3	426.5

数据来源：根据历年《北京区域统计年鉴》整理、计算得到

< 106 >

2. 结构

从表 7-14 可知，核心区的占比不断呈小幅度下降，从 2008 年的 11.7%
下降到 2020 年的 5.7%；拓展区的占比从 2008 年的 44.0% 下降到 2020 年
的 27.8%，下降了 16.2 个百分点；新区从 2008 年的 33.7% 上升到 2020 年
的 55.6%，上升了 21.9 个百分点；涵养区从 2008 年的 10.6% 下降到 2020 年
的 7.5%。

表 7-14　2008—2020 年北京市各功能区第二产业占比　　　　单位：%

年份	2008	2009	2010	2011	2012	2013	2014	2015	2016	2017	2018	2019	2020
核心	11.7	10.6	10.4	10.0	8.6	10.0	10.0	10.0	9.6	9.5	10.1	6.5	5.7
拓展	44.0	40.7	38.4	37.1	31.6	35.5	35.4	35.1	34.1	34.2	33.5	28.4	27.8
新区	33.7	38.3	41.0	42.2	50.7	43.6	43.5	43.6	44.9	44.9	45.4	56.8	55.6
涵养	10.6	10.4	10.2	10.6	9.1	10.9	11.1	11.3	11.4	11.4	11.0	8.3	7.5

数据来源：根据历年《北京区域统计年鉴》整理、计算得到

3. 增速

从表 7-15 可知，全市的增速从 2009 年的 8.7% 上升到 2012 年的 26.5%，
2013 年骤然降至 -9.0%，随后增速开始放缓，增长的反弹也是不断出现，平
均增速为 7.8%；核心区从 2009 年的 -1.4% 上升到 2010 年的 16.4%，随后
在波动中下降，2020 年为 -10.4%，平均增速为 3.0%；拓展区从 2009 年的
0.5% 上升到 2010 年的 12.3%，随后在波动中下降，2020 年为 5.1%，平均增
速为 3.5%；新区从 2009 年的 23.5% 上升到 2012 年的 52.0%，2013 年猛降
至 -21.7%，随后在波动中反弹，2020 年为 -5.0%，平均增速为 10.0%；涵
养区从 2009 年的 7.0% 上升到 2010 年、2011 年的 16%，随后在波动中下降，
2020 年只有 -1.1%，但平均增速达 11.8%。

< 107 >

表 7-15   2009—2020 年北京市各功能区第二产业增速   单位：%

年份	2009	2010	2011	2012	2013	2014	2015	2016	2017	2018	2019	2020	平均
核心	-1.4	16.4	7.6	8.7	5.1	7.9	1.6	3.0	7.5	11.7	-21.4	-10.4	3.0
拓展	0.5	12.3	7.8	7.6	2.2	7.9	0.4	4.5	8.4	2.7	-17.8	5.1	3.5
新区	23.5	27.2	14.9	52.0	-21.7	7.6	1.7	10.8	8.2	6.1	-5.9	-5.0	10.0
涵养	7.0	16.0	16.0	8.0	9.9	9.8	2.6	8.6	7.9	1.8	54.7	-1.1	11.8
全市	8.7	18.9	11.5	26.5	-9.0	8.0	1.3	7.6	8.2	5.0	4.5	2.1	7.8

数据来源：根据历年《北京区域统计年鉴》整理、计算得到

（注：地区生产总值各区合计数不等于全市总数是由于各区的数据中扣除了划归市一级核算部分）

（三）第三产业

1. 规模

从表 7-16 可知，第三产业的规模呈现逐年递增趋势，核心区从 2008 年的 2424.8 亿元增加到 2020 年的 7690.0 亿元，十几年间增加了 2.2 倍；拓展区从 2008 年的 4353.2 亿元增加到 2018 年的 16659.8 亿元，十几年间增加了 2.8 倍；新区从 2008 年的 751.5 亿元增加到 2018 年的 4618.6 亿元，十几年间增加了 5.1 倍；涵养区从 2008 年的 191.1 亿元增加到 2020 年的 999.9 亿元，十几年间增加了 4.2 倍。

表 7-16   2008—2020 年北京市各功能区第三产业规模   单位：亿元

年份	2008	2009	2010	2011	2012	2013	2014	2015	2016	2017	2018	2019	2020
核心	2424.8	2699.4	3003.6	3401.8	3719	4106.2	4417.2	4754.4	5279	5754	6207.1	7554.2	7690.0
拓展	4353.2	4787.1	5577.3	6507	7216	8143.6	8805.3	9535	10967.1	12047.6	13173.6	16102.9	16659.8
新区	751.5	945.9	1129	1300.1	1730.4	1640.2	1787.9	2039.5	2323	2610.1	2915.8	4508.4	4618.6
涵养	191.1	217.3	243.8	280.7	318.9	352.4	381.8	436.4	502.6	569.3	650.8	972.8	999.9

数据来源：根据历年《北京区域统计年鉴》整理、计算得到

< 108 >

2. 结构

从表 7-17 可知，核心区的占比从 2008 年的 31.4% 下降到 2020 年的 25.4%，下降了 6 个百分点；拓展区的占比从 2008 年的 56.4% 小幅度下降到 2020 年的 55.0%；新区的占比从 2008 年的 9.7% 上升到 2020 年的 15.3%，上升了 5.6 个百分点；涵养区从 2008 年的 2.5% 小幅上升到 2020 年的 3.3%。

表 7-17 2008—2020 年北京市各功能区第三产业占比 单位：%

年份	2008	2009	2010	2011	2012	2013	2014	2015	2016	2017	2018	2019	2020
核心	31.4	31.2	30.2	29.6	28.6	28.8	28.7	28.4	27.7	27.4	27	25.5	25.4
拓展	56.4	55.3	56	56.6	55.6	57.2	57.2	56.9	57.5	57.4	57.4	54.3	55.0
新区	9.7	10.9	11.3	11.3	13.3	11.5	11.6	12.2	12.2	12.4	12.7	15.2	15.3
涵养	2.5	2.5	2.4	2.4	2.5	2.5	2.5	2.6	2.6	2.7	2.8	3.3	3.3

数据来源：根据历年《北京区域统计年鉴》整理、计算得到

3. 增速

从表 7-18 可知，全市的增速从 2009 年的 12% 上升到 2011 年的 15.4%，随后增速逐渐放缓，且在波动中下降，2020 年为 1.0%，平均增速达 10.2%；核心区从 2009 年的 11.3% 上升到 2011 年的 13.3%，随后在波动中下降，2020 年为 1.8%，平均增速为 10.2%；拓展区从 2009 年的 10% 上升到 2011 年的 16.7%，随后在波动中下降，2020 年为 3.5%，平均增速为 11.9%；新区从 2009 年的 25.9% 先下降后上升到 2012 年的 33.1%，第二年骤然呈现负增长，为 -5.2%，随后在波动中反弹，2020 年为 2.4%，平均增速为 17.2%；涵养区从 2009 年的 13.7% 上升到 2011 年的 15.1%，随后年份在波动中保持增长，2020 年增长率最低，为 2.8%，平均增速为 15.2%。

< 109 >

表 7-18　2009—2020 年北京市各功能区第三产业增速　　单位：%

年份	2009	2010	2011	2012	2013	2014	2015	2016	2017	2018	2019	2020	平均
核心	11.3	11.3	13.3	9.3	10.4	7.6	7.6	11.0	9.0	7.9	21.7	1.8	10.2
拓展	10.0	16.5	16.7	10.9	12.9	8.1	8.3	15.0	9.9	9.3	22.2	3.5	11.9
新区	25.9	19.4	15.2	33.1	−5.2	9.0	14.1	13.9	12.4	11.7	54.6	2.4	17.2
涵养	13.7	12.2	15.1	13.6	10.5	8.3	14.3	15.2	13.3	14.3	49.5	2.8	15.2
全市	12.0	15.1	15.4	13.0	9.7	8.1	8.9	13.8	10.0	9.4	6.4	1.0	10.2

数据来源：根据历年《北京区域统计年鉴》整理、计算得到

（注：地区生产总值各区合计数不等于全市总数是由于各区的数据中扣除了划归市一级核算部分）

< 110 >

第八章

多元的文化产业

文化产业作为一种特殊的文化形态和特殊的经济形态，不同国家从不同角度有不同的理解。联合国教科文组织关于文化产业的定义如下：文化产业就是按照工业标准，生产、再生产、储存以及分配文化产品和服务的一系列活动。这是从文化产品的工业标准化生产、流通、分配、消费、再次消费的角度进行界定。我国国家统计局 2012 年颁布的《文化及相关产业分类》中对文化及相关产业定义为"为社会公众提供文化产品和文化相关产品的生产活动的集合"，分类范围是文化事业和文化产业的集合。本章从传统文化产业和文化创意产业的规模、结构和增速等方面对北京文化产业发展状况进行分析。

一、文化产业的内涵

文化产业是那些不能得到公共财政资金持续支持的，采用商业化方式运行的文化活动，是产生财富与就业的重要渠道。文化产业是指所有那些与文化相关的商业活动，其文化产品可以满足人们的消费需求。早在 19 世纪，英国人类学家爱德华·B.泰勒（1871）在《原始文化》一书中提到："文化或文明就其广泛的民族学意义来说，包括全部的知识、信仰、艺术、道德、法律、风俗，以及作为社会成员的人所掌握和接受的任何其他才能和习惯的复合体。"这一概念开启了人类对文化定义的研究。文化产业中的人文精神资本是客观的、共性的、存在的。它是人类发展过程中积累起来的一系列人

< 113 >

类精神知识，可以被群体所认识，能够在人的生活中发挥作用，释放人的行为，强调主观能动性，是智慧的产物。文化产业是在以文化资源为内容的基础上，融合传统文化资源利用的创意和主观能动性，产生文化产品的生产要素，体现了高度集中的知识和创造力，是知识与创新结合的产物。所以，文化产业的产品和服务是"精神产品"。精神产品是以人的精神需要为基础，是人类智慧的结晶。精神产品的消费能够带来更大的经济效益。同时，还可以满足人们日益增长的文化产品需求，也可以通过"精神产品"来影响人们的行为。从精神产品的角度看，文化产业和创新产业的不同之处在于，一个是准精神产品，一个是泛精神产品。

二、文化产业的特征

（一）文化产业的本质特征

第一，文化产业的意识形态特征。文化产业主要提供文化产品和文化服务，这两类产品在生产和消费过程中都蕴含着社会主流意识形态或是产业所认同的意识形态，生产的产品是物质载体与意识形态的结合，无论是主动还是被动的，文化行业都在生产、交换、消费中，通过文化产品传递意识形态。意识形态是指与一定社会的经济和政治直接相联系的观念、观点、概念的总和，包括政治法律思想、道德、文学艺术、宗教、哲学和其他社会科学等意识形态。意识形态是人们在生产、生活中形成的，体现人们的观点和社会的主流意识形态。文化产业向人们传达的意识形态是多元化的，可以代表很多不同的观点和思想，百家争鸣，使文化产品多样化，满足不同类型消费者、不同层次消费者的需求。但文化产业传达的意识形态的基本属性应该是社会的主导意识形态，也就是占统治地位的意识形态。这两种特征并不冲突，文化是由多元素构成的，但作为某一时期的文化必然有其主导的意识形

< 114 >

态、价值观，这也是文化发展和传承的基础，这是个性和共性的关系，也是文化产业能蓬勃发展的根本原因。新闻出版发行服务、广播电视电影服务、文化艺术服务等行业是文化产业中的主导行业，它们主要是通过物质载体向人们传递各种不同的政治法律思想、道德、文学艺术、宗教、哲学等思想。

第二，文化产业的外部性。文化产业有很强的外部性，对其他行业产生溢出效应，对经济、社会发展有重大意义。文化产业的核心是文化与知识的创新、发展和传播，文化产业传播先进文化、道德、知识、艺术和创意，提高人们的思想素质，陶冶人们的情操，对人们产生潜移默化的正面影响。当社会中人才增加、社会整体素质提高，会极大地促进社会的和谐发展。文化产业的发展能满足人们精神层次的追求，也会使人们在工作中迸发激情和创造力，劳动者同时通过学习新知识、新技术和更快速地获得信息，可以提高劳动效率，使经济更快速健康地发展。文化产业还可以扩大和提升其他产业的消费，据有关方面测算，会展的经济带动效益可达 1∶7，即会议展馆每增加 1 元营业额，就能使周边地区产生 7 元的经济效益。因此，文化产业发展促进文化经济增长，将成为国民经济的新增长点。

（二）文化产业的产业特征

第一，文化产业的规模报酬递增性。文化产业的核心是文化和创意等无形资产，固定成本极高，但边际成本很低，主要是文化产品的物质载体价值，很多文化产品的价值不是来源于稀缺性，而是来源于其普遍性，所以文化产业的发展依赖规模效应，文化产品的需求达到一定规模时文化产业才能盈利。

第二，文化产业是知识密集型产业。文化产业中虽然也需要物质载体，但核心内容还是无形的知识和文化，其生产是将文化转化为产品和服务，在之前是创新过程，每个文化产品中都蕴含着创新的内容，创新和文化赋予文

< 115 >

化产品灵魂，所以其价值也体现在知识要素的投入和创造中，所以文化产业是知识密集型产业。

第三，文化产业的准公共产品的特征。纯公共产品与普通商品相比较具有非竞争性和非排他性，而准公共产品具有其中一个特征，文化产品在消费使用中，消耗的是文化产品的物质载体，而文化内涵却并未消失，并不具有竞争性，例如一部电影不会因为某人买了并使用一张 CD 而消失，其他人仍然可以继续观看电影，前者的消费不影响后者享受电影。所以文化产品有准公共产品的属性，但为了满足广大人民群众不同层次的需求，文化产业不适合由国家生产，而是在市场经济中生产和消费更能优化资源的配置。

第四，文化产业边际划分的不确定性。文化产业的统计一直非常困难，虽然我国统计局出台了《文化及相关产业分类（2012）》，但其对文化产业的划分并不完全准确。从文化产业的生产过程看，文化产业涵盖了生产、交换、消费的各个环节，"文化产业之树，长于第三产业，而它的枝、茎已蔓延至第二产业"。同时在经济不断发展中，将不断产生更多的文化产业或是已有产业转化成文化产业，正因为文化产业范围的扩大且经常发生变化，所以我们几乎无法从传统产业类型中完全分离出文化产业来。

第五，文化产业的非必需品特征。文化产业不是人们生活中的必需品，是非必需品、是奢侈品，所以文化产业的快速发展必须要有人们财富增加这一前提条件，文化产业在发达城市的发展要比次发达城市好很多。因为文化产品是奢侈品，需求弹性大于 1，所以文化产业弹性高，受人们生活水平、收入影响较大。

第六，文化产业的高附加值特征。文化产业的核心是创意和文化，物质只是创意和文化的载体，该产业处于微笑曲线的左上方。文化产业的企业大多数属于轻资产企业，公司有形资产少，主要依靠无形资产和人力资本，是产业链的上游产业，很多企业年收入和资产规模相近，属于高附加值产业。

< 116 >

三、文化产业的分类

我国在 2012 年新发布的国家统计局《文化及相关产业分类（2012）》中以国民经济行业分类为基础，根据文化及相关单位生产活动的特点，明确指出了我国文化产业的范围和分类，并且分类方法与国际标准相衔接。将文化产业分为五层，共 10 大类，120 小类。

表 8-1　类别名称

第一部分　文化产品的生产	
一、新闻出版发行服务	四、文化信息传输服务
（一）新闻服务	（一）互联网信息服务
（二）出版服务	（二）增值电信服务（文化部分）
（三）发行服务	（三）广播电视传输服务
二、广播电视电影服务	五、文化创意和设计服务
（一）广播电视服务	（一）广告服务
（二）电影和影视录音服务	（二）文化软件服务
三、文化艺术服务	（三）建筑设计服务
（一）文艺创作与表演服务	（四）专业设计服务
（二）图书馆与档案馆服务	六、文化休闲娱乐服务
（三）文化遗产保护服务	（一）景区游览服务
（四）群众文化服务	（二）娱乐休闲服务
（五）文化研究和社团服务	（三）摄影扩印服务
（六）文化艺术培训服务	七、工艺美术品的生产
（七）其他文化艺术服务	（一）工艺美术品的制造
	（二）园林、陈设艺术及其他陶瓷制品的制造
	（三）工艺美术品的销售
第二部分　文化相关产品的生产	
八、文化产品生产的辅助生产	（三）文化经纪代理服务
（一）版权服务	（四）文化贸易代理与拍卖服务
（二）印刷复制服务	（五）文化出租服务

< 117 >

续表

第二部分　文化相关产品的生产	
（六）会展服务	（九）文化用化学品的制造
（七）其他文化辅助生产	（十）其他文化用品的制造
九、文化用品的生产	（十一）文具乐器照相器材的销售
（一）办公用品的制造	（十二）文化用家电的销售
（二）乐器的制造	（十三）其他文化用品的销售
（三）玩具的制造	十、文化专用设备的生产
（四）游艺器材及娱乐用品的制造	（一）印刷专用设备的制造
（五）视听设备的制造	（二）广播电视电影专用设备的制造
（六）焰火、鞭炮产品的制造	（三）其他文化专用设备的制造
（七）文化用纸的制造	（四）广播电视电影专用设备的批发
（八）文化用油墨颜料的制造	（五）舞台照明设备的批发

四、北京文化产业的发展历程

我国文化产业自改革开放后开始萌发，在经济持续发展过程中，取得了辉煌的成果。北京是我国的政治、文化中心，在经济、文化和科技资源等诸多方面具有显著优势，其文化产业伴随着全国文化产业的产生而起步，发展历程大致分为五个阶段，呈现出不同的阶段性特征。

1.1978—1989 年：文化产业萌芽时期

20 世纪 70 年代末到 80 年代中后期，随着 1978 年我国提出并实施改革开放重大决策，我国进入新时期，国民经济走上了发展之路，经济体制的改革成为思想文化领域变革的基础和先导。社会上新思潮涌动，公众开始积极接受新观念，探索新的生活方式，人民在文化领域的消费也逐渐增加，催生了文化产业的萌芽。这一时期我国文化产业获得了一定的恢复和发展。但这一时期我国文化产业还处于早期阶段，呈现出概念界定模糊、产业布局不合理的态势。

< 118 >

2.1990—2002 年：文化产业初步形成时期

20 世纪 90 年代开始，随着文化体制改革的系统性开展和文化产业市场的孕育成长，我国文化产业发展由较单纯的"以文补文"开始进入初步形成时期。1992 年，党的十四大正式确立建立社会主义市场经济体制为中国经济体制改革的目标。作为文化产业的基础，经济体制改革率先启动，文化领域的改革创新也紧随其后。同年 6 月，中共中央、国务院作出《关于加快发展第三产业的决定》，将文化产业进行了重新定位，正式将文化产业列入第三产业，文化部门的定位也由财政支出型转变为生产型部门。定位的改变为文化产业相关的政策、体制的变化提供了准备，国家对文化产业的重视日益提高。到 2002 年，党的十六大报告明确提出了发展文化产业的战略构想，文化产业逐渐被提升到国家战略高度。随着支持政策的密集出台，文化体制改革加速推进，文化产业也进入了发展快车道，并呈现出多元化发展态势。但此时文化市场尚处于初步发展阶段，文化产品质量参差不齐。

在全国文化产业逐渐形成的过程中，作为历史文化名城，凭借丰富的文化和人才资源，北京成为发展文化产业的重要基地。这一时期，北京文化产业的主要方向为重视首都文化产业，研究发展战略，制定相应规划和政策，将北京打造成为全国最重要的文化产业基地。

随着文化体制的改革，文化产业市场也越来越繁华。1992—2002 年，我国报纸、期刊种类分别增长 34% 和 46%，达 2111 种和 8899 种，图书销售额急剧上升，增长了 12 倍。除传统纸媒外，广播电视等有声媒体市场迎来爆发，其中，广播和电视覆盖率均达到 90% 以上，音像销售总额超过 200 亿元。而到 2002 年底，北京市广播电视综合覆盖率高达 99.9%，基本实现了全面普及。

3.2003—2005 年：文化产业改革深化和创新时期

2003—2005 年，我国文化产业体制改革顺利推进，成效斐然，一大批

< 119 >

文化类企业开始涌现出来。这一阶段，北京文化产业改革和创新也在持续推进。2003 年党的十六届三中全会通过《中共中央关于完善社会主义市场经济体制若干问题的决定》，进一步深化和明确了文化体制改革的目标。在改革实践过程中，拥有全国最多文化单位的北京，无疑是文化改革的前沿，数十个在京文化单位成为改革试点。在政策大力支持下，北京文化产业发展速度可谓一骑绝尘。2005 年北京文化产业的收入增加值为 674.1 亿元，达 1867.6 亿元，占北京市 GDP 比重为 9.34%。

4. 2006—2010 年：文化产业飞速发展时期

2009 年我国正式出台文件将文化产业上升至国家战略性产业。在政策的指导下，2006—2011 年，我国文化产业加速发展。这一时期北京文化产业政策主基调为重点推动文化创意产业发展，努力将其打造为北京地区未来经济发展的重要支柱之一。2006 年 4 月北京市文化创意产业领导小组成立，从此北京开始全面协调、积极主动地发展文化创意产业。在政策支持与市场需求双向驱动之下，北京文化产业实现了全面快速发展，增长速度突破了 10%。在此阶段，2008 年奥运会的举办更是极大地推动了北京文化产业的发展。

5. 2011 年至今：文化产业全面发展提升时期

2011 年以后，国家积极推动非公有制文化企业的快速发展，市场对文化产业的关注度不断提升，文化产业水涨船高。社会资本的涌入，为我国文化产业的持续健康发展注入了活力源泉。我国文化产业结构持续优化，展现出强大的发展后劲。在此背景下，北京文化产业迎来了发展的黄金时期，2019 年，北京的文化产业增加值所占 GDP 比重达 9.64%，位居全国第一，日益成为实现首都产业结构升级和经济增长方式转变的重要途径。

< 120 >

五、北京文化产业发展现状

（一）图书、期刊和报纸

1. 图书

从表 8-2 可知，图书的种数从 2008 年的 136284 种上升到 2019 年的 216994 种，增加了 80710 种；总印数从 2008 年的 20.8 亿册（张）上升到 2019 年的 31.2 亿册（张），增加了 10.4 亿册（张）；总印张从 2008 年的 220 亿张上升到 2019 年的 342.2 亿张，增加了 122.2 亿张。

表 8-2　2008—2019 年北京市图书出版情况

年份	2008	2009	2010	2011	2012	2013	2014	2015	2016	2017	2018	2019
种数（种）	136284	144211	155209	167942	179634	192137	194259	205992	213413	217765	220632	216994
总印数［亿册（张）］	20.8	21.0	21.5	22.6	22.5	24.0	23.6	24.5	26.9	26.7	29.7	31.2
总印张（亿张）	220.0	220.2	251.2	243.1	250.7	269.5	258.7	271.0	292.0	294.3	327.1	342.2

数据来源：根据历年《北京区域统计年鉴》数据整理、计算得到

2. 期刊

从表 8-3 可知，期刊的种数从 2008 年的 2898 种上升到 2019 年的 3266 种，增加了 368 种；平均期印数从 2008 年的 5392 万册下降到 2019 年的 5326 万册，减少了 66 万册；总印数从 2008 年的 9.4 亿册下降到 2019 年的 7.9 亿册，减少了 1.5 亿册；总印张从 2008 年的 55.4 亿张下降到 2019 年的 53.7 亿张，减少了 1.7 亿张。

< 121 >

表8-3 2008—2019年北京市期刊出版情况

年份	2008	2009	2010	2011	2012	2013	2014	2015	2016	2017	2018	2019
种数（种）	2898	3030	3063	3044	3064	3053	3123	3168	3221	3242	3244	3266
平均期印数（万册）	5392	5373	5519	5991	5940	6094	5867	5539	5471	5325	5299	5326
总印数（亿册）	9.4	9.7	10.0	10.2	10.3	10.4	10.0	9.3	9.1	8.6	8.1	7.9
总印张（亿张）	55.4	59.4	69.6	76.7	76.7	78.0	74.0	68.0	63.2	57.1	55.1	53.7

数据来源：根据历年《北京区域统计年鉴》数据整理、计算得到

3. 报纸

从表8-4可知，报纸的种数从2008年的259种下降到2019年的246种，减少了13种；平均期印数从2008年的3328万份下降到2019年的2981万份，减少了347万份；总印数从2008年的73.2亿份上升到2019年的81.3亿份，增加了8.1亿份；总印张从2008年的241.3亿张下降到2019年的219.7亿张，下降了21.6亿张。

表8-4 2008—2019年北京市报纸出版情况

年份	2008	2009	2010	2011	2012	2013	2014	2015	2016	2017	2018	2019
种数（种）	259	260	262	254	257	254	256	253	252	249	247	246
平均期印数（万份）	3328	3232	3406	3453	3725	3737	3550	3389	3297	3215	3120	2981
总印数（亿份）	73.2	71.6	77.5	83.1	89.5	91.7	89.9	87.4	86.0	83.9	83.1	81.3
总印张（亿张）	241.3	232.5	275.6	293.7	300.2	298.2	289.3	267.5	259.3	249.7	239.9	219.7

数据来源：根据历年《北京区域统计年鉴》数据整理、计算得到

4. 报纸、期刊、图书种类结构

从表8-5可知，报纸在2008年占比为0.2%，2011年下降到0.1%，而且一直持续到2019年；期刊的占比在2008年为2.1%，此后小幅度下降，到

< 122 >

2019 年为 1.5%；图书的种类 2008 年的占比为 97.7%，此后逐年小幅度上升，2019 年达到 98.4%。

表 8-5　2008—2019 年北京市报纸、期刊、图书种类结构　　单位：%

年份	2008	2009	2010	2011	2012	2013	2014	2015	2016	2017	2018	2019
报纸	0.2	0.2	0.2	0.1	0.1	0.1	0.1	0.1	0.1	0.1	0.1	0.1
期刊	2.1	2.1	1.9	1.8	1.7	1.6	1.6	1.5	1.5	1.5	1.5	1.5
图书	97.7	97.8	97.9	98.1	98.2	98.3	98.3	98.4	98.4	98.4	98.4	98.4

数据来源：根据历年《北京区域统计年鉴》数据整理、计算得到

（二）文化场馆

1. 图书馆

从表 8-6 可知，图书馆个数从 2008 年的 25 个减少到 2020 年的 24 个；总藏数从 2008 年的 4100 万册（件）增加到 2020 年的 7241 万册（件），增加了 3141 万册（件）；建筑面积从 2008 年的 33.4 万平方米增加到 2020 年的 57.7 万平方米，增加了 24.3 万平方米；书刊文献外借人次从 2008 年的 450 万人次增加到 2018 年的历年最高数 503 万人次，增加了 53 万人次。

表 8-6　2008—2020 年北京市图书馆数量、藏书、面积和借阅情况

年份	2008	2009	2010	2011	2012	2013	2014	2015	2016	2017	2018	2019	2020
个数（个）	25	25	25	25	25	25	25	25	25	24	24	24	24
总藏数〔万册（件）〕	4100	4368	4613	5049	5556	5316	5601	5943	6229	6528	6777	7048	7241
建筑面积（万平方米）	33.4	41.9	42.4	42.1	47.6	48.4	52.7	52.4	55.3	57.8	57.6	57.6	57.7
书刊文献外借人次（万人次）	450.0	471.0	441.0	333.0	317.0	325.0	407.0	438.0	549.0	431.0	503.0	480.0	88.0

数据来源：根据历年《北京区域统计年鉴》数据整理、计算得到

< 123 >

2. 群众艺术馆、文化馆

从表 8-7 可知，群众艺术馆、文化馆除 2016 年为 21 个外，一直维持在 20 个；组织文艺活动从 2008 年的 3007 次增加到 2013 年的 4769 次，此后下降到 2019 年的 3182 次。

表 8-7　2008—2020 年北京市群众艺术馆、文化馆情况

年份	2008	2009	2010	2011	2012	2013	2014	2015	2016	2017	2018	2019	2020
个数（个）	20	20	20	20	20	20	20	20	21	20	20	20	20
组织文艺活动（次）	3007	3470	3564	3401	3848	4769	2158	2587	3417	3431	3278	3182	1210

数据来源：根据历年《北京区域统计年鉴》数据整理、计算得到

3. 档案馆

从表 8-8 可知，档案馆数量在 2008 年、2009 年为 20 个，2010—2020 年一直维持在 18 个；建筑面积从 2008 年的 97605 平方米增加到 2020 年的 212864 平方米，增加了 115259 平方米；利用档案资料人次从 2008 年的 9 万人次增加到 2013 年的 23.85 万人次，在 2020 年又降至 11.53 万人次，2020 年与 2008 年相比增加了 2.53 万人次；案卷从 2008 年的 495.7 万卷件增加到 2020 年的 980.3 万卷件，增加了 484.6 万卷件。

表 8-8　2008—2020 年北京市档案馆情况

年份	2008	2009	2010	2011	2012	2013	2014	2015	2016	2017	2018	2019	2020
个数（个）	20	20	18	18	18	18	18	18	18	18	18	18	18
建筑面积（平方米）	97605	97605	97611	97976	98879	101896	98220	96256	119930	123401	122722	212864	212864
利用档案资料人次（万人次）	9.00	9.88	13.45	12.30	12.37	23.85	22.18	14.90	21.95	19.99	15.04	14.83	11.53
案卷（万卷件）	495.7	523.8	558.0	582.9	602.5	636.1	697.9	733.2	764.7	827.7	867.5	910.0	980.3

数据来源：根据历年《北京区域统计年鉴》数据整理、计算得到

< 124 >

4. 博物馆

从表 8-9 可知，博物馆数量从 2008 年的 148 个增加到 2020 年的 197 个，增加了 49 个；文物藏品数从 2008 年的 331 万件增加到 2020 年的 1625 万件，增加了 1294 万件，仅在 2020 年就增加了 1162 万件；参观人次从 2008 年的 1368.4 万人次增加到 2019 年的 2530.8 万人次，但受到新冠肺炎疫情的影响，2020 年博物馆参观人数骤降，仅有 562.9 万人次参观，达到历年最低值。

表 8-9 2008—2020 年北京市博物馆情况

年份	2008	2009	2010	2011	2012	2013	2014	2015	2016	2017	2018	2019	2020
博物馆数（个）	148	151	156	162	165	167	171	173	178	179	179	183	197
文物藏品数（万件）	331	331	332	430	430	430	430	430	430	430	463	463	1625
参观人次（万人次）	1368.4	1647.9	1712.1	1373.4	1887.9	1760	1848	2069.1	1994.3	2362.7	2383.5	2530.8	562.9

数据来源：根据历年《北京区域统计年鉴》数据整理、计算得到

（三）广播、电影和电视

1. 广播

从表 8-10 可知，广播节目套数从 2008 年的 17 套增加到 2020 年的 26 套；平均每日广播节目播出时间从 2008 年的 297.4 小时增加到 2020 年的 476.7 小时，增加了 179.3 小时；广播综合覆盖率达 100%。

表 8-10 2008—2020 年北京市广播情况

年份	2008	2009	2010	2011	2012	2013	2014	2015	2016	2017	2018	2019	2020
广播节目套数（套）	17	18	18	18	25	25	25	25	26	26	26	26	26

< 125 >

续表

年份	2008	2009	2010	2011	2012	2013	2014	2015	2016	2017	2018	2019	2020
平均每日广播节目播出时间（小时）	297.4	316.6	324.8	329.6	471.7	473.6	472.6	470.4	493.6	496.3	496.2	499.6	476.7
广播综合覆盖率（%）	99.98	99.99	99.99	100.00	100.00	100.00	100.00	100.00	100.00	100.00	100.00	100.00	100.00

数据来源：根据历年《北京区域统计年鉴》数据整理、计算得到

2. 电影

（1）规模

从表 8-11 可知，放映场次、观影人次和票房收入从 2008 年至 2019 年整体上呈逐年上升的趋势。放映场次由 2008 年的 46.8 万场增加到 2019 年的 356.2 万场，增加了 309.4 万场，是 2008 年的 7.6 倍；观影人次由 2008 年的 1767.3 万人次增加到 2019 年的 7634.1 万人次，增加了 5866.8 万人次，是 2008 年的 4.3 倍；票房由 2008 年的 5.4 亿元增加到 2019 年的 36.1 亿元，增加了 30.7 亿元，是 2008 年的 6.7 倍。

表 8-11　2008—2020 年北京市电影规模

年份	2008	2009	2010	2011	2012	2013	2014	2015	2016	2017	2018	2019	2020
放映场次（万场次）	46.8	62.4	74.3	97.4	120.0	137.8	162.8	198.1	228.5	273.9	309.5	356.2	146.0
观影人次（万人次）	1767.3	2451.5	2923.3	3235.9	3954.6	4288.5	5281.3	7212.7	6926.7	7701.7	7644.7	7634.1	2117.5
票房收入（亿元）	5.4	8.2	11.8	13.5	16.2	18.6	22.9	31.6	30.3	34.0	35.0	36.1	10.3

数据来源：根据历年《北京区域统计年鉴》数据整理、计算得到

< 126 >

（2）增速

从表 8-12 可知，放映场次、观影人次和票房的增长速度都是在波动中下降。放映场次 2009 年的增速为 33.3%，到 2019 年降到了 15.1%，甚至 2020 年受新冠肺炎疫情影响出现 59.0% 的负增长，但平均增长速度达到了 13.8%；观影人次在 2009 年为 38.7%，此后开始下降，到 2015 年又反弹到 36.6%，而 2016 年出现了 4% 的负增长，2017 年回升到 11.2%，2018 年和 2019 年又出现小幅度的负增长，但由于疫情 2020 年出现 72.3% 的负增长，但平均增速达到了 7.76%；票房收入在 2009 年的增速为 52.5%，此后波动很大，2010 年下降到 44.2%，2011 年更是下降到 14.5%，2015 年出现了一个较大幅度反弹，达到 37.8%，然而第二年便出现了 3.9% 的负增长，2017 年反弹到 12.1%，而 2020 年同样受疫情影响，票房收入变化较大，出现 71.5% 的负增长，但平均增速达 12.4%。

表 8-12　2009—2020 年北京市电影增速　　　　　　单位：%

年份	2009	2010	2011	2012	2013	2014	2015	2016	2017	2018	2019	2020	平均
放映场次	33.3	19.1	31.1	23.2	14.8	18.1	21.7	15.3	19.9	13.0	15.1	−59.0	13.8
观影人次	38.7	19.2	10.7	22.2	8.4	23.2	36.6	−4.0	11.2	−0.7	−0.1	−72.3	7.76
票房收入	52.5	44.2	14.5	20.0	14.6	23.1	37.8	−3.9	12.1	2.9	3.1	−71.5	12.4

数据来源：根据历年《北京区域统计年鉴》数据整理、计算得到

（3）电视

从表 8-13 可知，电视节目套数变动不大，增加了 2 套，平均每日电视节目播出时间从 2008 年的 309.1 小时增加到 2020 年的 370.2 小时。此外，电视综合覆盖率、农村电视综合覆盖率从 2008 年开始几乎全覆盖到 2020 年的 100% 覆盖，无线电视综合覆盖率从 2008 年的 93.19% 逐年上升，也于

< 127 >

2019 年实现 100% 覆盖；有线电视用户数从 2008 年的 383.13 万户逐年增加到 2020 年的 606.24 万户，是 2008 年的 1.6 倍，增加了 223.11 万户。

表 8-13　2008—2020 年北京市电视情况

年份	电视节目套数（套）	平均每日电视节目播出时间（小时）	电视综合覆盖率（%）	农村电视综合覆盖率（%）	无线电视综合覆盖率（%）	有线电视用户数（万户）	有线电视入户率（%）
2008	24	309.1	99.99	99.97	93.19	383.13	81.00
2009	26	319.1	99.99	99.97	94.38	413.50	85.90
2010	26	319.2	99.99	99.97	98.72	448.12	91.68
2011	25	334.2	100.00	100.00	99.74	475.92	95.90
2012	26	343.7	100.00	100.00	99.75	495.70	99.13
2013	26	347.9	100.00	100.00	99.75	524.59	103.00
2014	26	344.0	100.00	100.00	99.75	551.57	106.85
2015	26	351.1	100.00	100.00	99.75	569.13	108.88
2016	26	360.3	100.00	100.00	99.75	580.42	109.66
2017	26	360.5	100.00	100.00	99.81	586.83	109.04
2018	26	375.7	100.00	100.00	99.81	594.55	109.48
2019	26	353.5	100.00	100.00	100.00	598.92	109.12
2020	26	370.2	100.00	100.00	100.00	606.24	109.35

数据来源：根据历年《北京区域统计年鉴》数据整理、计算得到

（四）录音、录像和电子出版物

1. 录音制品

从表 8-14 可看出，录音带的种数和数量逐年下降，种数从 2008 年的 2114 种下降到 2019 年的 549 种，减少了 1565 种，数量从 2008 年的 15768.4 万盒下降到 2019 年的 4497.2 万盒，减少了 11271.2 万盒；激光唱盘的种数和

< 128 >

数量在波动中有上升的趋势，种数从 2008 年的 2060 种上升到 2019 年的 2578 种，增加了 518 种，数量从 2008 年的 2076.2 万张上升到 2019 年的 8441.2 万张，增加了 6365 万张；高密度激光唱盘及其他的种数和数量呈先升后降的趋势，种数从 2008 年的 897 种下降到 2019 年的 227 种，减少了 670 种，数量从 2008 年的 908.4 万张下降到 2019 年的 69.4 万张，减少了 839 万张。

表 8-14　2008—2019 年北京市录音制品情况

年份		2008	2009	2010	2011	2012	2013	2014	2015	2016	2017	2018	2019
录音带	种数（种）	2114	1693	1489	1541	1267	1310	1095	907	765	678	584	549
	数量（万盒）	15768.4	12945.2	13435.53	15424.6	13904.0	15243.3	12366.6	10360.7	7919.0	5607.4	5301.1	4497.2
激光唱盘	种数（种）	2060	2194	1919	1744	2014	2128	1654	1632	1738	2266	2155	2578
	数量（万张）	2076.2	1784.6	1905.0	1511.6	1345.1	2345.1	2657.8	3605.6	4647.1	6202.7	7422.2	8441.2
高密度激光唱盘及其他	种数（种）	897	1270	1454	1106	965	917	1069	1068	816	484	209	227
	数量（万张）	908.4	1690.1	1557.7	954.8	1070.8	738.7	830.4	1422.1	1076.0	630.9	50.2	69.4

数据来源：根据历年《北京区域统计年鉴》数据整理、计算得到

2. 录像制品

从表 8-15 可知，录像带的种数和数量波动较大，种数从 2008 年的 22 种下降到 2009 年的 3 种，2019 年比 2008 年增加了 208 种；数量从 2008 年的 4.4 万盒猛然下降到 2009 年的 0.3 万盒，随后又迅速增加到 2010 年的 11.5 万盒，之后上升到 2013 年的 49.8 万盒后下降到 2017 年的 18.8 万盒又增加到 2019 年的 29.7 万盒，2019 年比 2008 年增加了 25.3 万盒。激光视盘的种数和数量呈现迅速下降的趋势，种数从 2008 年的 3358 种下降到 2019 年的 122 种，减少了 3236 种；数量从 2008 年的 5208.9 万张下降到 2019 年

< 129 >

的 548.1 万张，减少了 4660.8 万张。高密度激光视盘的种数和数量在波动中有所减少，种数从 2008 年的 2467 种上升到 2009 年的 3385 种，随后下降又上升再下降，2017 年下降到 2028 种，在 2018 年短暂上升到 2072 种后又在 2019 年下降到 1649 种，比 2008 年减少了 818 种；数量从 2008 年的 3443.8 万张下降到 2019 年的 2988.9 万张，减少了 454.9 万张。

表 8-15 2008—2019 年北京市录像制品情况

年份		2008	2009	2010	2011	2012	2013	2014	2015	2016	2017	2018	2019
录像带	种数（种）	22	3	4	75	46	117	93	64	118	99	121	230
	数量（万盒）	4.4	0.3	11.5	37.2	20.3	49.8	18.5	18.0	22.0	18.8	20.1	29.7
激光视盘	种数（种）	3358	3036	1888	1439	964	1003	523	578	357	349	261	122
	数量（万张）	5208.9	4995.2	4352.3	4009.3	3261.7	2590.7	1456.7	1082.1	1182.5	1030.8	1084.8	548.1
高密度激光视盘	种数（种）	2467	3385	2835	2530	3282	2703	1799	1912	2215	2028	2072	1649
	数量（万张）	3443.8	3374.6	2853.7	2990.4	3421.8	3459.7	2669.8	2915.8	1940.6	2108.0	2431.0	2988.9

数据来源：根据历年《北京区域统计年鉴》数据整理、计算得到

3. 电子出版物

从表 8-16 可知，只读光盘种数从 2012 年的 4646 种下降到 2019 年的 3345 种，下降了 1301 种；数量从 2012 年的 13966.4 万盒猛升到 2014 年的 23122.9 万盒，随后下降到 2018 年的 17192.9 万盒，然后又上升到 2019 年的 17836.1 万盒，但仍比 2012 年增加了 3869.7 万盒。交互式光盘及其他的种数从 2012 年的 718 种上升到第二年的 1071 种，随后下降到 2016 年的 929 种，2017 年更是急剧下降到 215 种，在 2019 年上升到 316 种，比 2012 年减少了 402 种；数量从 2012 年的 894.8 万张猛然上升到第二年的 1601.4 万张，随后不断下降，2018 年急剧下降到 203.1 万张，在 2019 年上升到 286 万张，比

< 130 >

2012 年减少了 608.8 万张。高密度只读光盘的种数从 2012 年的 2619 种逐步下降到 2019 年的 1356 种，减少了 1263 种；数量从 2012 年的 3827.8 万张下降到 2015 年的 1817.0 万张，2016 年猛升到 4132.3 万张，2017 年又骤降至 1928.7 万张，在 2019 年增长至 4002.6 万张，比 2012 年增加了 174.8 万张。

表 8-16　2012—2019 年北京市电子出版物情况

年份		2012	2013	2014	2015	2016	2017	2018	2019
只读光盘	种数（种）	4646	4455	4203	3516	2851	3522	3165	3345
	数量（万盒）	13966.4	22097.8	23122.9	12015.97	15963.0	17950.7	17192.9	17836.1
交互式光盘及其他	种数（种）	718	1071	939	860	929	215	252	316
	数量（万张）	894.8	1601.4	1466.55	986.46	844.0	215.7	203.1	286.0
高密度只读光盘	种数（种）	2619	2603	2582	2304	1840	1956	1707	1356
	数量（万张）	3827.8	3574.1	2027.15	1817.0	4132.3	1928.7	2270.6	4002.6

数据来源：根据历年《北京区域统计年鉴》数据整理、计算得到

4. 引进版权情况

从表 8-17 可知，引进版权量在波动中呈上升趋势，从 2010 年的 8403 件上升到 2013 年的 9391 件，随后下降到 2015 年的 8578 件，2016 年上升到 10185 件，2018 年下降到 9216 件，在 2019 年又下降至 8212 件，比 2010 年减少了 191 件。其中，软件和电子出版物从 2010 年的 329 件逐步下降到 2014 年的 92 件，随后增加到 2016 年的 191 件，2017 年下降到 113 件，经过了 2018 年增长至 114 件后，在 2019 年再次下降至 73 件，比 2010 年减少 256 件；图书从 2010 年的 8074 件下降到第二年的 7919 件，随后有所波动，2019 年为 8139 件，比 2010 年增加了 65 件。

< 131 >

表 8-17　2010—2019 年北京市引进版权情况

年份	2010	2011	2012	2013	2014	2015	2016	2017	2018	2019
引进版权量（件）	8403	8232	9587	9391	8647	8578	10185	9488	9216	8212
软件和电子出版物（件）	329	313	233	176	92	139	191	113	114	73
图书（件）	8074	7919	9354	9215	8555	8439	9994	9375	9102	8139

数据来源：根据历年《北京区域统计年鉴》数据整理、计算得到

（五）文化创意产业

1. 规模

从表 8-18 可知，文化创意产业及其子行业的增加值呈现逐年上升的趋势，文化创意产业的增加值从 2008 年的 1346.4 亿元逐步上升到 2017 年的 4000.6 亿元，增加了 2654.2 亿元，约是 2008 年的 3.0 倍。文化艺术的增加值从 2008 年的 42.7 亿元上升到 2017 年的 175.5 亿元，增加了 132.8 亿元，是 2008 年的 4.1 倍；新闻出版的增加值从 2008 年的 153.7 亿元上升到 2017 年的 342.1 亿元，增加了 188.4 亿元，是 2008 年的 2.2 倍；广播、电影、电视的增加值从 2008 年的 120.1 亿元上升到 2017 年的 233.0 亿元，增加了 112.9 亿元，是 2008 年的 1.9 倍；软件、网络及计算机服务的增加值从 2008 年的 703.1 亿元上升到 2017 年的 2443.4 亿元，增加了 1740.3 亿元，是 2008 年的 3.5 倍；广告会展的增加值从 2008 年的 112.2 亿元上升到 2017 年的 241.7 亿元，增加了 129.5 亿元，是 2008 年的 2.1 倍；艺术品交易的增加值从 2008 年的 20.5 亿元上升到 2017 年的 69.7 亿元，增加了 49.2 亿元，是 2008 年的 3.4 倍；设计服务的增加值从 2008 年的 52.8 亿元上升到 2017 年的 167.4 亿元，增加了 114.6 亿元，是 2008 年的 3.1 倍；旅游、休闲娱乐的增加值从 2008 年的 58.4 亿元上升到 2017 年的 137.7 亿元，增加了 79.3 亿元，是 2008 年的 2.4 倍；其他辅助服务的增加值从 2008 年的 82.9 亿元上升到 2017 年的 190.2 亿元，增加了 107.3 亿元，是 2008 年的 2.3 倍。

< 132 >

表 8-18 2008—2017 年北京市文化创意产业增加值 单位：亿元

年份	2008	2009	2010	2011	2012	2013	2014	2015	2016	2017
文化创意产业	1346.4	1489.9	1697.7	1989.9	2205.2	2578.1	2826.3	3253.8	3581.1	4000.6
文化艺术	42.7	48.8	53.7	68.0	76.0	96.7	115.6	138.9	161.2	175.5
新闻出版	153.7	159.8	171.8	191.9	208.3	241.4	239.7	281.9	322.8	342.1
广播、电影、电视	120.1	124.5	138.6	154.0	177.6	191.1	200.3	225.0	231.5	233.0
软件、网络及计算机服务	703.1	710.5	847.1	1042.2	1190.3	1421.8	1605.2	1900.0	2109.4	2443.4
广告会展	112.2	98.5	127.4	159.0	168.6	206.0	220.2	217.4	221.8	241.7
艺术品交易	20.5	30.9	43.0	56.4	59.2	60.5	56.2	64.3	65.6	69.7
设计服务	52.8	76.4	84.2	90.6	97.4	130.6	127.7	134.9	163.5	167.4
旅游、休闲娱乐	58.4	60.7	69.5	78.6	83.4	94.1	99.7	107.7	119.1	137.7
其他辅助服务	82.9	179.8	162.4	149.2	144.4	135.9	161.7	183.5	186.2	190.2

数据来源：根据历年《北京区域统计年鉴》数据整理、计算得到

2. 结构

从表 8-19 可知，文化艺术的占比从 2008 年的 3.2% 逐步上升到 2016 年的 4.5%，增加了 1.3 个百分点；新闻出版的占比从 2008 年的 11.4% 下降到 2016 年的 9.0%，减少了 2.4 个百分点；广播、电影、电视的占比从 2008 年的 8.9% 下降到 2016 年的 6.5%，减少了 2.4 个百分点；软件、网络及计算机服务的占比从 2008 年的 52.2% 上升到 2016 年的 58.9%，增加了 6.7 个百分点；广告会展的占比从 2008 年的 8.3% 下降到 2016 年的 6.2%，减少了 2.1 个百分点；艺术品交易的占比从 2008 年的 1.5% 略微上升到 2016 年的 1.8%，增加了 0.3 个百分点；设计服务的占比从 2008 年的 3.9% 上升到 2016 年的 4.6%，增加了 0.7 个百分点；旅游、休闲娱乐的占比从 2008 年的 4.3% 下降到 2016 年的 3.3%，减少了 1 个百分点；其他辅助服务的占比从 2008 年的 6.2% 下降到 2016 年的 5.2%，减少了 1 个百分点。

< 133 >

表 8-19　2008—2016 年北京市文化创意产业各行业占比　　单位：%

年份	2008	2009	2010	2011	2012	2013	2014	2015	2016
文化艺术	3.2	3.3	3.2	3.4	3.4	3.8	4.1	4.3	4.5
新闻出版	11.4	10.7	10.1	9.6	9.4	9.4	8.5	8.7	9.0
广播、电影、电视	8.9	8.4	8.2	7.7	8.1	7.4	7.1	6.9	6.5
软件、网络及计算机服务	52.2	47.7	49.9	52.4	54.0	55.1	56.8	58.4	58.9
广告会展	8.3	6.6	7.5	8.0	7.6	8.0	7.8	6.7	6.2
艺术品交易	1.5	2.1	2.5	2.8	2.7	2.3	2.0	2.0	1.8
设计服务	3.9	5.1	5.0	4.6	4.4	5.1	4.5	4.1	4.6
旅游、休闲娱乐	4.3	4.1	4.1	3.9	3.8	3.6	3.5	3.3	3.3
其他辅助服务	6.2	12.1	9.6	7.5	6.5	5.3	5.7	5.6	5.2

数据来源：根据历年《北京区域统计年鉴》数据整理、计算得到

3. 增速

从表 8-20 可知，文化创意产业的增速除了 2014 年为 9.6% 外，其他年份都在 10% 以上，2011 年更是达到了 17.2%，平均增速高达 13.0%。文化艺术的增速很快，2009 年为 14.3%，虽然第二年下降到 10.0%，但随后上升到 2011 年的 26.6%，2013 年为 27.2%，随后有所下降，2016 年为 16.1%，平均增速达到 18.1%；新闻出版的增速 2009 年只有 4.0%，逐步上升到 2013 年的 15.9%，2014 年出现了 0.7% 的负增长，2016 年反弹至 14.5%，平均增速达 9.7%；广播、电影、电视的增速波动较大，2009 年只有 3.7%，然后上升到 2012 年的 15.3%，随后下降至 2016 年的 2.9%，平均增速只有 8.5%；软件、网络及计算机服务的增速波动也很大，2009 年只有 1.1%，第二年猛增至 19.2%，2011 年更是达到 23.0%，此后在波动中下降，2016 年为 11.0%，但平均增速达 14.7%；广告会展的增速波动很大，2009 年为 12.2% 的负增长，第二年猛增至 29.3%，2011 年下降至 24.8%，2012 年更是下降至只有 6.0%，随后又猛升至 22.2%，2015 年又出现 1.3% 的负增长，2016 年反弹至 2.0%，

< 134 >

平均增速为8.9%；艺术品交易的增速波动性也非常大，2009年达到50.7%，此后下降到2013年的2.2%，第二年更是出现7.1%的负增长，2015年反弹至14.4%，第二年又下降到2.0%，平均增速达15.6%；设计服务的增速也有很大的波动，2009年为44.7%，随后下降到2012年的7.5%，第二年又猛升到34.1%，2014年出现2.2%的负增长，2016年猛然上升到21.2%，平均增速达15.2%；旅游、休闲娱乐的增速相对平稳，虽然2009年只有3.9%，但其他年份都在6.0%以上，2016年为10.6%，平均增速为9.3%。

表 8-20　2009—2016 年北京市文化创意产业增速　　单位：%

年份	2009	2010	2011	2012	2013	2014	2015	2016	平均
文化创意产业	10.7	13.9	17.2	10.8	16.9	9.6	15.1	10.1	13.0
文化艺术	14.3	10.0	26.6	11.8	27.2	19.5	20.2	16.1	18.1
新闻出版	4.0	7.5	11.7	8.5	15.9	−0.7	17.6	14.5	9.7
广播、电影、电视	3.7	11.3	11.1	15.3	7.6	4.8	12.3	2.9	8.5
软件、网络及计算机服务	1.1	19.2	23.0	14.2	19.4	12.9	18.4	11.0	14.7
广告会展	−12.2	29.3	24.8	6.0	22.2	6.9	−1.3	2.0	8.9
艺术品交易	50.7	39.2	31.2	5.0	2.2	−7.1	14.4	2.0	15.6
设计服务	44.7	10.2	7.6	7.5	34.1	−2.2	5.6	21.2	15.2
旅游、休闲娱乐	3.9	14.5	13.1	6.1	12.8	6.0	8.0	10.6	9.3
其他辅助服务	116.9	−9.7	−8.1	−3.2	−5.9	19.0	13.5	1.5	10.6

数据来源：根据历年《北京区域统计年鉴》数据整理、计算得到

（六）文化创意产业活动单位基本情况

1. 规模

从表8-21可知，近3年，文化创意产业的总资产从2015年的31893.9亿元增加到2017年的42390.6亿元，收入从2015年的15877.8亿元增加到

2017 年的 20806.7 亿元，从业人员从 2015 年的 202.3 万人增加到 2017 年的 206 万人。

文化艺术服务行业的资产从 2015 年的 1497.8 亿元下降到 2017 年的 1116.3 亿元，收入从 2015 年的 421.8 亿元增加到 2017 年的 469.1 亿元，从业人员从 2015 年的 12.6 万人下降到 2017 年的 8.9 万人。新闻出版及发行服务行业的资产从 2015 年的 2453.3 亿元略微下降到 2017 年的 2411.1 亿元，收入从 2015 年的 1026.4 亿元略微下降到 2017 年的 1010.9 亿元，从业人员从 2015 年的 15.2 万人下降到 2017 年的 10.7 万人。广播电影电视服务行业的资产从 2015 年的 2934.2 亿元上升到 2017 年的 3642.4 亿元，收入从 2015 年的 917.4 亿元上升到 2017 年的 1005.4 亿元，从业人员从 2015 年的 7.4 万人上升到 2017 年的 8.0 万人。

软件和信息技术服务行业的资产从 2015 年的 13719.4 亿元增加到 2017 年的 22390.4 亿元，收入从 2015 年的 6442.2 亿元增加到 2017 年的 8914.1 亿元，从业人员从 2015 年的 101.4 万人增加到 2017 年的 107.7 万人。广告会展服务行业的资产从 2015 年的 2462.2 亿元增加到 2017 年的 3449.8 亿元，收入从 2015 年的 2178.4 亿元增加到 2017 年的 3036 亿元，从业人员从 2015 年的 16.8 万人增加到 2017 年的 19.1 万人。艺术品生产与销售服务行业的资产从 978.5 亿元增加到 2017 年的 1216.7 亿元，收入从 2015 年的 1021.8 亿元增加到 1449.2 亿元，从业人员从 2015 年的 2.5 万人增加到 2017 年的 3.4 万人。设计服务行业的资产从 2015 年的 1116.9 亿元增加到 2017 年的 1583.5 亿元，收入从 2015 年的 563.6 亿元增加到 2017 年的 752.5 亿元，从业人员从 2015 年的 16.6 万人略微下降到 2017 年的 16.2 万人。文化休闲娱乐服务行业的资产从 2015 年的 1947.6 亿元下降到 2017 年的 1767 亿元，收入从 2015 年的 1207 亿元增加到 2017 年的 1258.2 亿元，从业人员从 2015 年的 13.1 万人增加到 2017 年的 14.3 万人。文化用品设备生产销售及其他辅助服务行业的资产从 2015 年的 4783.9 亿元略微增加到 2017 年的 4813.5 亿元，收入从 2015

< 136 >

年的 2099.2 亿元增加到 2017 年的 2911.1 亿元，从业人员从 2015 年的 16.7 万人增加到 2017 年的 17.7 万人。

表 8-21　2015—2017 年北京市文化创意单位规模

项目	资产总计（亿元）			收入合计（亿元）			从业人员（万人）		
	2015	2016	2017	2015	2016	2017	2015	2016	2017
文化艺术服务	1497.8	1344.5	1116.3	421.8	502.8	469.1	12.6	10.3	8.9
新闻出版及发行服务	2453.3	2493.7	2411.1	1026.4	923.0	1010.9	15.2	11.1	10.7
广播电影电视服务	2934.2	3698.2	3642.4	917.4	1002.8	1005.4	7.4	8.1	8.0
软件和信息技术服务	13719.4	16801.8	22390.4	6442.2	7010.7	8914.1	101.4	98.3	107.7
广告和会展服务	2462.2	2729.4	3449.8	2178.4	2548.3	3036.0	16.8	17.3	19.1
艺术品生产与销售服务	978.5	1181.8	1216.7	1021.8	1329.6	1449.2	2.5	3.2	3.4
设计服务	1116.9	1562.2	1583.5	563.6	757.6	752.5	16.6	14.6	16.2
文化休闲娱乐服务	1947.6	1836.1	1767.0	1207.0	1253.8	1258.2	13.1	13.6	14.3
文化用品设备生产销售及其他辅助服务	4783.9	6273.5	4813.5	2099.2	2557.2	2911.1	16.7	21.6	17.7
合计	31893.9	37921.3	42390.6	15877.8	17885.8	20806.7	202.3	198.1	206.0

数据来源：根据历年《北京区域统计年鉴》数据整理、计算得到

2. 结构

从表 8-22 可知，在资产占比方面，软件和信息技术服务业的占比是最高的，其比重从 2015 年的 43.0% 上升到 2017 年的 52.8%；占比排第二位的是文化用品设备生产销售及其他辅助服务业，其中资产的占比从 2015 年

< 137 >

的 15.0% 下降到 2017 年的 11.4%；排第三的是广播电影电视服务业，从
2015 年的 9.2% 下降到 2017 年的 8.6%；排第四的是广告和会展服务业，资
产的占比从 2015 年的 7.7% 上升到 2017 年的 8.1%；排第五的是新闻出版
及发行服务业，从 2015 年的 7.7% 下降到 2017 年的 5.7%；排第六的是文
化休闲娱乐服务业，从 2015 年的 6.1% 下降到 2017 年的 4.2%，然后是设
计服务业，艺术品生产与销售业和文化艺术服务业，它们各自占有一定的
比例。

在收入占比方面，软件和信息技术服务业的占比是最高的，占比从 2015
年的 40.6% 上升到 2017 年的 42.8%；排名第二的是广告和会展服务业，收入
的占比从 2015 年的 13.7% 上升到 2017 年的 14.6%；排第三位的是文化用品
设备生产销售及其他辅助服务业，收入的占比从 2015 年的 13.2% 上升到 2017
年的 14.0%；排第四的是艺术品生产与销售服务业，从 2015 年的 6.4% 上升
到 2017 年的 7.0%；排第五的是文化休闲娱乐服务业，从 2015 年的 7.6% 下
降到 2017 年的 6.0%；排第六的是新闻出版及发行服务业，从 2015 年的 6.5%
下降到 2017 年的 4.9%；广播电影电视服务业，设计服务业和文化艺术服务
业也各自占有一定的比例。

在从业人员占比方面，软件和信息技术服务业的占比是最高的，占比从
2015 年的 50.1% 上升到 2017 年的 52.3%；排第二的是广告和会展服务业，从
2015 年的 8.3% 上升到 2017 年的 9.3%；排第三的是文化用品设备生产销售及
其他辅助服务业，从 2015 年的 8.3% 上升到 2017 年的 8.6%；排第四的是设
计服务业，从 2015 年的 8.2% 下降到 2017 年的 7.9%；排第五的是文化休闲
娱乐服务业，从 2015 年的 6.5% 上升到 2017 年的 6.9%；排第六的是新闻出
版及发行服务业，从 2015 年的 7.5% 下降到 2017 年的 5.2%；文化艺术服务业，
广播电影电视业和艺术品生产与销售服务业也各自占有一定的比例。

< 138 >

表 8-22 2015—2017 年北京市文化创意单位占比 单位：%

项目	资产总计			收入合计			从业人员		
	2015	2016	2017	2015	2016	2017	2015	2016	2017
文化艺术服务	4.7	3.5	2.6	2.7	2.8	2.3	6.2	5.2	4.3
新闻出版及发行服务	7.7	6.6	5.7	6.5	5.2	4.9	7.5	5.6	5.2
广播电影电视服务	9.2	9.8	8.6	5.8	5.6	4.8	3.7	4.1	3.9
软件和信息技术服务	43.0	44.3	52.8	40.6	39.2	42.8	50.1	49.6	52.3
广告和会展服务	7.7	7.2	8.1	13.7	14.2	14.6	8.3	8.7	9.3
艺术品生产与销售服务	3.1	3.1	2.9	6.4	7.4	7.0	1.2	1.6	1.6
设计服务	3.5	4.1	3.7	3.5	4.2	3.6	8.2	7.4	7.9
文化休闲娱乐服务	6.1	4.8	4.2	7.6	7.0	6.0	6.5	6.9	6.9
文化用品设备生产销售及其他辅助服务	15.0	16.5	11.4	13.2	14.3	14.0	8.3	10.9	8.6

数据来源：根据历年《北京区域统计年鉴》数据整理、计算得到

（七）四大功能区规模以上文化创意产业

1. 收入

（1）规模

从表 8-23 可知，四大功能区的收入都是逐年上升，总收入从 2010 年的 6766.5 亿元上升到 2017 年的 16635.3 亿元，增加了 9868.9 亿元，是 2010 年的 2.5 倍。其中，核心区的收入从 2010 年的 1409.5 亿元上升到 2017 年的 3174.5 亿元，增加了 1765 亿元，是 2010 年的 2.3 倍；拓展区的收入从 2010 年的 4891.3 亿元上升到 2017 年的 12454.0 亿元，增加了 7562.7 亿元，是 2010 年的 2.5 倍；新区的收入从 2010 年的 418.2 亿元上升到 2017 年的 726.8 亿元，增加了 308.5 亿元，是 2010 年的 1.7 倍；涵养区的收入从 2010 年的 47.5 亿元上升到 2017 年的 280.1 亿元，增加了 232.6 亿元，是 2010 年的 5.9 倍。

< 139 >

表 8-23　2010—2017 年北京市规模以上文化创意产业收入规模　单位：亿元

年份	核心	拓展	新区	涵养	合计
2010	1409.5	4891.3	418.2	47.5	6766.5
2011	1725.1	5761.2	459.4	56.3	8002.0
2012	2092.0	6551.6	432.9	89.5	9166.0
2013	2241.4	7165.8	472.3	115.9	9995.4
2014	2532.3	8026.3	488.3	159.3	11206.2
2015	2676.8	9208.0	525.4	199.8	12609.9
2016	3038.0	10274.5	593.4	223.8	14129.6
2017	3174.5	12454.0	726.8	280.1	16635.3

数据来源：根据历年《北京区域统计年鉴》数据整理、计算得到

（2）结构

从表 8-24 可知，拓展区占据了绝对的比重，保持在 70% 以上，2017 年达到 74.9%；核心区的占比相对较大，除了 2017 年为 19.1% 外，其他年份都在 20% 以上；新区也占有一定的比重，近些年有所下降，从 2010 年的 6.2% 下降到 2017 年的 4.4%；涵养区的占比最低，最高的为 2017 年的 1.7%，但比重有所上升。

表 8-24　2010—2017 年北京市规模以上文化创意产业收入占比　单位：%

年份	核心	拓展	新区	涵养
2010	20.8	72.3	6.2	0.7
2011	21.6	72.0	5.7	0.7
2012	22.8	71.5	4.7	1.0
2013	22.4	71.7	4.7	1.2
2014	22.6	71.6	4.4	1.4
2015	21.2	73.0	4.2	1.6
2016	21.5	72.7	4.2	1.6
2017	19.1	74.9	4.4	1.7

数据来源：根据历年《北京区域统计年鉴》数据整理、计算得到

< 140 >

（3）增速

从表 8-25 可知，总体来说增速非常快，平均达到了 13.7%。各功能区有所差别，增速最快的是涵养区，从 2011 年的 18.5% 迅速增加到第二年的 59.1%，此后快速下降，2016 年下降到 12.0%，2017 年反弹到 25.2%，但平均增速达到了 28.9%；拓展区的增速从 2011 年的 17.8% 下降到 2016 年的 11.6%，2017 年又上升到 21.2%，平均增速达 14.3%；核心区增速有较大波动，2011 年为 22.4%，随后在波动中下降，到 2017 年只有 4.5%，但平均增速也达到 12.3%；新区的增速在最近两年有所上升，从 2016 年的 13.0% 上升到 2017 年的 22.5%，在此之前增速不是很高，2012 年甚至出现 5.8% 的负增长。

表 8-25　2011—2017 年北京市规模以上文化创意产业收入增速　　单位：%

年份	核心	拓展	新区	涵养	合计
2011	22.4	17.8	9.8	18.5	18.3
2012	21.3	13.7	−5.8	59.1	14.5
2013	7.1	9.4	9.1	29.5	9.0
2014	13.0	12.0	3.4	37.5	12.1
2015	5.7	14.7	7.6	25.4	12.5
2016	13.5	11.6	13.0	12.0	12.1
2017	4.5	21.2	22.5	25.2	17.7
平均	12.3	14.3	8.2	28.9	13.7

数据来源：根据历年《北京区域统计年鉴》数据整理、计算得到

2. 从业人员

（1）规模

从表 8-26 可知，四大功能区的从业人员总体是上升的，从 2010 年的

< 141 >

83.4 万人增加到 2017 年的 131.5 万人，增加了 48.1 万。核心区的从业人员从 2010 年的 15.6 万人上升到 2017 年的 20.4 万人，增加了 4.8 万人；拓展区的从业人员从 2010 年的 59 万人上升到 2017 年的 101.3 万人，增加了 42.3 万人；新区的从业人员变化不大，中间年份有较小幅度的波动，2017 年的从业人员为 7 万人，比 2010 年减少了 0.2 万人；涵养区的从业人员从 2010 年的 1.6 万人上升到 2017 年的 2.8 万人，增加了 1.2 万人。

表 8-26　2010—2017 年北京市规模以上文化创意产业从业人员规模　单位：万人

年份	核心	拓展	新区	涵养	合计
2010	15.6	59.0	7.2	1.6	83.4
2011	16.8	68.5	6.8	1.5	93.6
2012	17.3	76.7	6.7	1.7	102.4
2013	19.1	80.4	6.6	1.8	107.9
2014	19.4	83.8	6.9	2.0	112.1
2015	19.1	91.1	6.6	2.2	119.0
2016	19.2	93.8	6.4	2.4	121.9
2017	20.4	101.3	7.0	2.8	131.5

数据来源：根据历年《北京区域统计年鉴》数据整理、计算得到

（2）结构

从表 8-27 可知，从业人员占比最大的是拓展区，从 2010 年的 70.8% 逐年增加到 2017 年的 77.1%；其次是核心区的占比，虽然逐年下降，从 2010 年的 18.7% 下降到 2017 年的 15.5%，但相对较高；新区的占比从 2010 年的 8.6% 逐年下降到 2017 年的 5.3%；涵养区的占比从 2010 年的 1.9% 小幅度上升到 2017 年的 2.2%。

表 8-27　2010—2017 年北京市规模以上文化创意产业从业人员占比　单位：%

年份	2010	2011	2012	2013	2014	2015	2016	2017
核心	18.7	18.0	16.9	17.7	17.3	16.1	15.8	15.5

< 142 >

续表

年份	2010	2011	2012	2013	2014	2015	2016	2017
拓展	70.8	73.2	74.9	74.6	74.8	76.6	77.0	77.1
新区	8.6	7.3	6.5	6.1	6.2	5.5	5.3	5.3
涵养	1.9	1.6	1.7	1.6	1.8	1.9	2.0	2.2

数据来源：根据历年《北京区域统计年鉴》数据整理、计算得到

（3）增速

从表 8-28 可知，总体来看，从业人员的增速不是很高，从 2011 年的 12.3% 下降到 2017 年的 7.9%，平均增速为 6.7%。增速最大的是涵养区，虽然 2011 年负增长，但随后增速较大，2017 年为 17.9%，平均增速达 9%；拓展区的增速从 2011 年的 16.1% 下降到 2017 年的 8.0%，平均增速达到 8.0%；核心区的增速从 2011 年的 7.7% 上升到 2013 年的 10.0%，随后下降，2015 年甚至出现 1.5% 的负增长，2017 年反弹至 5.9%，平均增速达 3.9%；新区除 2014 年和 2017 年的增速为 4.9% 和 8.4% 外，其他年份均为负增长，因此平均增速为 -0.5%。

表 8-28 2011—2017 年北京市规模以上文化创意产业从业人员增速　单位：%

年份	2011	2012	2013	2014	2015	2016	2017	平均
核心	7.7	3.1	10	1.5	−1.5	0.7	5.9	3.9
拓展	16.1	11.9	4.9	4.2	8.7	3	8	8
新区	−5.1	−2.3	−1.1	4.9	−5	−2.2	8.4	−0.5
涵养	−5.7	16	4	11.7	12.6	8.1	17.9	9
合计	12.3	9.4	5.3	3.9	6.2	2.4	7.9	6.7

数据来源：根据历年《北京区域统计年鉴》数据整理、计算得到

< 143 >

3. 利润

（1）规模

从表 8-29 可知，利润额基本是逐年递增的，总利润从 2010 年的 514.6 亿元增加到 2017 年的 1294.7 亿元，增加了 780.1 亿元，是 2010 年的 2.5 倍。核心区的利润从 2010 年的 113.8 亿元增加到 2017 年的 226.5 亿元，增加了 112.7 亿元，约是 2010 年的 2 倍；拓展区的利润从 2010 年的 386.9 亿元增加到 2017 年的 1037.5 亿元，增加了 650.6 亿元，是 2010 年的 2.7 倍；新区的利润从 2010 年的 13.6 亿元增加到 2016 年的 66.4 亿元，但 2017 年猛然降到 6 亿元，比 2010 年减少了 7.7 亿元，是 2010 年的 0.4 倍；涵养区的利润从 2010 年的 0.2 亿元增加到 2017 年的 24.7 亿元，增加了 24.5 亿元，是 2010 年的 123.5 倍。

表 8-29　2010—2017 年北京市规模以上文化创意产业利润规模　单位：亿元

年份	2010	2011	2012	2013	2014	2015	2016	2017
核心	113.8	139.2	140.4	158	163.1	181.8	213.2	226.5
拓展	386.9	492.9	550.3	652.2	727.1	826.9	792.9	1037.5
新区	13.6	23.2	21.7	23.7	22.5	25.3	66.4	6.0
涵养	0.2	2.7	9.9	7.9	10.3	6.9	16.5	24.7
合计	514.6	658	722.4	841.8	923	1040.9	1089	1294.7

数据来源：根据历年《北京区域统计年鉴》数据整理、计算得到

（2）结构

从表 8-30 可知，核心区的利润占比从 2010 年的 22.1% 下降到 2017 年的 17.5%，拓展区的利润占比从 2010 年的 75.2% 上升到 2017 年的 80.1%，占据了绝对的比重；新区的利润占比最近两年波动较大，从 2016 年的 6.1% 骤然下降到 2017 年的 0.5%，此前相对稳定；涵养区的利润占比从 2010 年的 0 上升到 2017 年的 1.9%。

< 144 >

表 8-30 2010—2017 年北京市规模以上文化创意产业利润占比 单位：%

年份	2010	2011	2012	2013	2014	2015	2016	2017
核心	22.1	21.2	19.4	18.8	17.7	17.5	19.6	17.5
拓展	75.2	74.9	76.2	77.5	78.8	79.4	72.8	80.1
新区	2.6	3.5	3	2.8	2.4	2.4	6.1	0.5
涵养	0	0.4	1.4	0.9	1.1	0.7	1.5	1.9

数据来源：根据历年《北京区域统计年鉴》数据整理、计算得到

（3）增速

从表 8-31 可知，从总体上看，利润增速较快，2011 年达到 27.9%，虽然此后有降低，2016 年甚至降到 4.6%，但 2017 年又反弹到 18.9%，平均增速达到 14.1%。核心区的增速从 2011 年的 22.3% 下降到 2017 年的 6.2%，平均增速达 10.3%；拓展区的增速从 2011 年的 27.4% 下降到 2016 年的 –4.1%，2017 年反弹至 30.9%，平均增速达 15.1%；新区的增速波动非常大，2016 年达 162.8%，而 2017 年出现 91% 的负增长，此前也是正负增长交替，平均增速为 –11.1%；涵养区的增速最大，但波动也最大，2011 年为 1215.1%，2015 年却为 33.2% 的负增长，其他年份也是正负增长交替，但平均增速达 98.5% 之高。

表 8-31 2011—2017 年北京市规模以上文化创意产业利润增速 单位：%

年份	2011	2012	2013	2014	2015	2016	2017	平均
核心	22.3	0.8	12.5	3.2	11.5	17.3	6.2	10.3
拓展	27.4	11.7	18.5	11.5	13.7	–4.1	30.9	15.1
新区	70.6	–6.6	9.4	–5.1	12.3	162.8	–91	–11.1
涵养	1215.1	272.8	–20.9	31	–33.2	140.1	49.2	98.5
合计	27.9	9.8	16.5	9.6	12.8	4.6	18.9	14.1

数据来源：根据历年《北京区域统计年鉴》数据整理、计算得到

< 145 >

（八）四大功能区规模以上文化创意产业法人单位基本情况

1. 收入

（1）规模

从表 8-32 可知，四大功能区文化创意产业的法人单位收入整体上升，从 2018 年的 10514.6 亿元上升到 2020 年的 14975.9 亿元，增加了 4461.3 亿元。其中，核心区的收入从 2018 年的 2456.8 亿元上升到 2019 年的 2708.6 亿元，但又下滑到 2020 年的 2258.5 亿元，与 2019 年相比下降了 450.1 亿元；拓展区的收入从 2018 年的 7329.9 亿元上升到 2020 年的 11646.4 亿元，增加了 4316.5 亿元；新区的收入从 2018 年的 497.9 亿元上升到 2020 年的 817.4 亿元，增加了 319.5 亿元；涵养区的收入从 2018 年的 230.0 亿元上升到 2020 年的 253.6 亿元，增加了 23.6 亿元。

表 8-32　2018—2020 年北京市规模以上文化创意产业法人单位的收入规模

单位：亿元

年份	核心	拓展	新区	涵养	合计
2018	2456.8	7329.9	497.9	230.0	10514.6
2019	2708.6	9535.5	791.7	274.8	13310.6
2020	2258.5	11646.4	817.4	253.6	14975.9

数据来源：根据历年《北京区域统计年鉴》数据整理、计算得到

（2）结构

由表 8-33 可知，拓展区的比重较大，基本保持在 69% 以上，2020 年达到 77.8%。核心区占比相对较大，占比保持在 15% 以上。新区的比重基本保持在 5.5% 左右，而涵养区的比重最低，与核心区在近 3 年内都呈下降趋势。

< 146 >

表 8-33　2018—2020 年北京市规模以上文化创意产业法人单位收入占比　单位：%

年份	核心	拓展	新区	涵养
2018	23.4	69.7	4.9	2.2
2019	20.3	71.6	5.9	2.1
2020	15.1	77.8	5.5	1.7

数据来源：根据历年《北京区域统计年鉴》数据整理、计算得到

（3）增速

从表 8-34 可知，总体来说增速非常快，平均达到了 19.6%。各功能区有所差别，增速最快的是新区，2019 年的增速为 59.0%，但此后又快速下降，2020 年下降到 3.2%，不过平均增速仍然达到了 31.1%；拓展区的增速从 2019 年的 30.1% 下降到 2020 年的 22.1%，平均增速达 26.1%；核心区和涵养区增速有较大波动，2019 年分别为 10.2% 和 19.5%，随后在波动中下降甚至出现了负增长，到 2020 年分别为 -8.1% 和 -7.7%。

表 8-34　2019—2020 年北京市规模以上文化创意产业法人单位收入增速

单位：%

年份	核心	拓展	新区	涵养	合计
2019	10.2	30.1	59.0	19.5	26.6
2020	-8.1	22.1	3.2	-7.7	12.5
平均	1.1	26.1	31.1	5.9	19.6

数据来源：根据历年《北京区域统计年鉴》数据整理、计算得到

2. 从业人员

（1）规模

从表 8-35 可知，四大功能区的从业人员总体是上升的，从 2018 年的 58.2 万人增加到 2020 年的 60.9 万人，增加了 2.7 万。但不同功能区各有差别，核心区的从业人员从 2018 年的 13.8 万不断下降至 2020 年的 12.8 万人，减

< 147 >

少了 1 万人；涵养区的从业人员也从 2018 年的 2.3 万人下降到 2020 年的 1.8 万人，减少了 0.5 万人；拓展区和新区的从业人员都有所增加，其中拓展区的上升幅度最大，从 2018 年的 37.9 万人上升至 2020 年的 41.5 万人；而新区的上升幅度较小，从 2018 年的 4.2 万人上升至 2020 年的 4.8 万人，但较 2019 年有略微下滑。

表 8-35　2018—2020 年北京市规模以上文化创意产业法人单位从业人员规模 单位：万人

年份	核心	拓展	新区	涵养	合计
2018	13.8	37.9	4.2	2.3	58.2
2019	13.3	40.6	4.9	2.2	60.9
2020	12.8	41.5	4.8	1.8	60.9

数据来源：根据历年《北京区域统计年鉴》数据整理、计算得到

（2）结构

从表 8-36 可知，从业人员占比最大的是拓展区，从 2018 年的 65.1% 逐年增加到 2020 年的 68.1%；其次是核心区的占比，虽然逐年下降，从 2018 年的 23.7% 下降到 2020 年的 21.1%，但相对较高；新区的占比从 2018 年的 7.2% 波动上升到 2020 年的 7.8%；涵养区的占比从 2018 年的 4.0% 逐渐下降到 2020 年的 2.9%。

表 8-36　2018—2020 年北京市规模以上文化创意产业法人单位从业人员占比 单位：%

年份	核心	拓展	新区	涵养
2018	23.7	65.1	7.2	4.0
2019	21.8	66.6	8.0	3.6
2020	21.1	68.1	7.8	2.9

数据来源：根据历年《北京区域统计年鉴》数据整理、计算得到

< 148 >

（3）增速

从表 8-37 可知，总体来看，从业人员的增速不是很高，从 2019 年的
4.6% 下降到 2020 年的 0，平均增速为 2.3%。增速最大的是新区，2019 年增
速为 16.7%，但随后 2020 年出现了 2.0% 的负增长，总体平均增速仍然最高，
达到 7.3%；拓展区的增速从 2019 年的 7.1% 下降到 2020 年的 2.2%，平均
增速达到 3.7%；核心区和涵养区在 2019 年和 2020 年都出现了负增长，分
别从 2019 年的 −3.6% 和 −4.3% 不断减速至 2020 年的 −3.8% 和 −18.2%，其
中涵养区在 2020 年的负增长程度较高。

表 8-37　2019—2020 年北京市规模以上文化创意产业法人单位从业人员增速

单位：%

年份	核心	拓展	新区	涵养	合计
2019	−3.6	7.1	16.7	−4.3	4.6
2020	−3.8	2.2	−2.0	−18.2	0
平均	−3.7	3.7	7.3	−11.3	2.3

数据来源：根据历年《北京区域统计年鉴》数据整理、计算得到

3. 资产

（1）规模

从表 8-38 可知，四大功能区的资产总额由减到增，总资产从 2018 年的
20494.3 亿元减少到 2019 年的 19851.9 亿元，又在 2020 年增加到了 24480.3
亿元，整体增加了 3986 亿元。核心区的资产从 2018 年的 3854.3 亿元增加
到 2020 年的 4879.8 亿元，增加了 1025.5 亿元；拓展区的资产从 2018 年的
15522.1 亿元下降到 2019 年的 13626.5 亿元，又增加到 2020 年的 17818.1 亿
元，整体上增加了 2296 亿元；新区的资产从 2018 年的 606.8 亿元增加到
2020 年的 1223.3 亿元，增加了 616.5 亿元，是 2018 年的 2 倍；涵养区的资

产从 2018 年的 511.0 亿元增加到 2019 年的 622.4 亿元，但又降低到 2020 年的 559.2 亿元，整体上只增加了 48.2 亿元。

表 8-38　2018—2020 年北京市规模以上文化创意产业法人单位资产规模

单位：亿元

年份	核心	拓展	新区	涵养	合计
2018	3854.3	15522.1	606.8	511.0	20494.3
2019	4785.2	13626.5	817.8	622.4	19851.9
2020	4879.8	17818.1	1223.3	559.2	24480.3

数据来源：根据历年《北京区域统计年鉴》数据整理、计算得到

（2）结构

从表 8-39 可知，核心区的占比从 2018 年的 18.8% 上升到 2019 年的 24.1%，又下降到 2020 年的 21.8%；拓展区的占比从 2018 年的 75.7% 下降到 2019 年的 68.6%，又下降到 2020 年的 66.6%，占据了绝对的比重；新区的占比从 2018 年的 3.0% 上升到 2020 年的 8.0%，是 2018 年的 2 倍多；涵养区的占比从 2018 年的 2.5% 上升到 2020 年的 3.6%。

表 8-39　2018—2020 年北京市规模以上文化创意产业法人单位资产占比

单位：%

年份	核心	拓展	新区	涵养
2018	18.8	75.7	3.0	2.5
2019	24.1	68.6	4.1	3.1
2020	21.8	66.6	8.0	3.6

数据来源：根据历年《北京区域统计年鉴》数据整理、计算得到

（3）增速

从表 8-40 可知，从总体上看，资产增速由缓到快，2019 年为负增长，但 2020 年又反弹到 23.3%，平均增速达到 10.1%。核心区的增速从 2019 年的 24.2% 骤然下降到 2020 年的 2.0%，但平均增速仍有 13.1%；拓展区的

< 150 >

增速从 2019 年的负增长 –12.2% 骤然反弹到 2020 年的正增长 30.8%；新区的增速持续增加，2019 年达 34.8%，2020 继续上涨至 49.6%，平均增速为 42.2%；涵养区的增速波动也较大，2019 年为 21.8%，2020 年却为负增长 –10.2%。

表 8-40　2019—2020 年北京市规模以上文化创意产业法人单位资产增速 单位：%

年份	核心	拓展	新区	涵养	合计
2019	24.2	–12.2	34.8	21.8	–3.1
2020	2.0	30.8	49.6	–10.2	23.3
平均	13.1	9.3	42.2	5.8	10.1

数据来源：根据历年《北京区域统计年鉴》数据整理、计算得到

六、北京文化产业发展 SWOT 分析

（一）优势

1. 经济水平持续提升，产业增长潜力大

近年来，北京地区经济水平稳步提高，产业结构不断优化，为文化产业的发展提供了重要基础和前提。2020 年北京实现地区生产总值 36102.6 亿元，同比增长 1.2%（图 8-1），三次产业结构为 0.4：15.8：83.8，与 2015 年的 0.9：23.6：75.5 相比，第三产业对于经济的贡献显著提升，产业机构呈现高端化趋势。在良好的经济基础之上，北京市文化产业繁荣发展，彰显出巨大的潜能和韧性。2020 年，在新冠肺炎疫情冲击之下，北京市规模以上文化创意产业法人单位数量依旧保持平稳增长，同比增长 5.8%，达 5557 家，收入合计 15420.8 亿元，同比增长 13.9%。

< 151 >

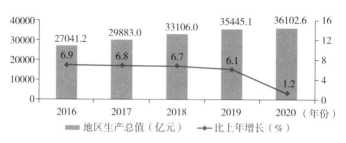

图8-1　2016—2020年北京地区生产总值

数据来源：北京统计局

2. 人才集聚，科研创新氛围浓厚

人才是文化产业持续发展的灵魂，创新则是文化发展的源泉。截至2020年底，北京共有高校93所，位居全国第一，同时，还拥有1000多家科研院所，120个国家重点实验室，68个国家工程技术研究中心，是当之无愧的人才中心。同时，北京市政府也高度重视科研创新投入，2020年北京的研究与试验发展（R&D）经费投入强度高达6.44%，远高于其他地区。大量顶尖人才与大型企业集聚形成了浓厚的科研创新氛围，为包括文化产业在内的众多行业提供了强大动力。

3. 底蕴深厚，文化资源丰富

北京市有3000多年的建城史和860年的建都史，拥有丰富的文物遗存，这是绝大部分城市都无法比拟的。除北京故宫、长城、颐和园等闻名中外的有形文化遗产外，北京还拥有京剧、相声小品、昆曲等50多项非物质文化遗产，涵盖高雅艺术、民间娱乐等多种形式。北京市丰富的历史文化资源在满足人民娱乐需求、发挥其社会职能的同时，也为北京市文化产业的快速发展提供了重要支撑。

< 152 >

4. 政策体系持续完善，产业引领作用显著

文化产业的发展离不开政策的全方位支持，在国家大力发展文化产业的政策导向下，北京依托自身优势，因地制宜，积极探索先进政策。着眼于全国文化中心定位，北京文化产业政策具有一定的创新性和引领性，许多政策为全国首创，在业内影响深远。2006 年北京率先提出了发展文化创意产业，到 2014 年又率先发布《北京市人民政府关于促进文化消费的意见》。同时，北京的文化产业政策相对完善，且落地性较强。纵观近年来北京文化产业政策，具有"1+N+X"的特征，即在一个统领意见之下，会有若干具体实施举措，这就为政策的实行提供了保证。如 2018 年发布《关于推进文化创意产业创新发展的意见》，又出台了《关于支持实体书店发展的实施意见》《关于推动北京影视业繁荣发展的实施意见》等具体领域的配套政策。

5. 文化消费潜力大，市场广阔

北京城市吸引力强，常住人口数量持续增长，居民文化消费稳步增加。2020 年北京市常住人口为 2189.3 万人，较 2010 年增加了 228.1 万人，人口净流入 788 万人。庞大的人口数量带动了广阔的文化市场消费需求，而文化消费在社会发展过程中占据着越来越重要的地位。2019 年北京市人均教育、文化和娱乐消费支出达 4311 元，较 2016 年增加了 18.61%。居民文化消费需求的快速攀升为北京文化产业发展带来了广阔的市场空间。

（二）劣势

北京文化产业多年来获得了快速发展，但也存在一些劣势和不足。

1. 总体尚未形成高效、顺畅的产业链条

文化产业以文化为核心，能够通过后续对衍生品的开发，将文化产业扩

< 153 >

散成为价值网络，从而拓宽、延伸产业链，达到一次投入、多次产出的效果。如日本动漫产业，以漫画为起点，衍生出动画化、OVA、游戏等媒体形式，形成了完整、高效的产业体系。而北京动漫产业原创优质内容较少，相关产业链条呈现出低端化、低附加值、产业分割断裂等特点。丰富文化产业内涵，延伸文化产业外延，同时，企业间开发、生产与营销紧密协同，从而促进整个产业链的完整、高效发展是当前北京文化产业的重要任务之一。

2. 创新能力缺乏，文化资源开发成效不足

北京市历史文化资源丰富，底蕴深厚，但由于文化产业创新能力有待提升，这些独具特色的历史文化资源并未得到充分开发，所产生的经济效益和社会影响力较为薄弱。当前北京文化产业快速发展，产业价值大幅提升，但与美国、日本等发达国家文化产业相比还有很大差距。如国产动漫对优秀民族文化的开发缺乏创意与风格，影响广泛的精品屈指可数，但国外动漫《花木兰》《功夫熊猫》等对中国传统文化的重新演绎却获得了很好的反响和较高的回报率。增强创新能力，准确把握市场动向，将资源优势转化为产业优势成为北京文化产业发展的重要课题。

3. 品牌缺失，龙头企业带动作用有限

当前文化产业已成为北京市经济发展的重要支柱，涌现出如光线传媒、完美世界等一批全国知名、实力雄厚的文化企业。北京虽有首都优势，但与发达国家相比，在文化企业整体数量、规模与经济效益等方面还有很大的差距。同时，北京文化产业内也尚未形成具有国际影响力的大型跨国文化企业和海外知名品牌，这使得龙头企业带动作用和辐射功能有限，难以依靠龙头优势带动整个区域乃至行业的发展。

< 154 >

4. 区域发展不平衡，存在较为严重的同质化竞争

文化产业具有集群发展的特点，北京文化产业发展过程中也在加快培育产业集群，通过积极探索区域定位，区分地区差异，以推动区域文化协调发展。但在产业选择上，部分区县没有进行全面的分析，未能准确把握文化产业与其他产业融合发展的成长机制与空间偏好，使得文化产业发展出现杂多而不精，同质化严重的情况，造成了区域之间的恶性竞争和资源的浪费。这就直接导致了区域之间文化产业发展不均衡，当前东城、西城、朝阳、海淀四个中心城区的文化产业已经具备了较为完善的运营发展机制，而远郊区县文化产业基础薄弱，规模较小，产业格局还未形成。

（三）机遇

1. 经济高质量发展带来更大的文化消费市场

当前我国已进入中国特色社会主义新时代，经济增长更加注重质量，人民的消费需求呈现出多样化、个性化的特点，文化娱乐消费与日俱增。经济发展新时期，支柱产业将产生更迭，产业结构将发生演化升级，而文化产业承载着满足人民精神需求的功能，是高附加值、绿色可持续发展的产业，无疑将会成为经济增长新的动能。在此背景下，文化产业将获得政府更多的关注与扶持。北京拥有深厚的文化基础，将成为文化产业发展的焦点。

2. 科技赋能，文化产业发展更快速

伴随着经济的发展，5G、人工智能、AR/VR 等技术也获得快速突破，并逐渐实现落地应用，技术的变革催生了新的业态和应用场景，能够极大地促进产业发展与进步。北京不仅文化资源丰富，文化要素集聚，且信息技术发达、互联网渗透率高，发展文化新业态的优势极其显著。此外，北京市坐拥高校与科研人才优势，科技发展国内领先，其文化产业发展将迎来新的机遇。

< 155 >

3. 重大战略持续推进，北京文化产业担重任

北京是我国首都，承担着重要的经济与政治职能，是京津冀协同、文化体制改革等重大战略的核心要地与先行示范区。随着文化体制改革全面深化，北京作为前沿领域的先行先试区，将率先接受改革洗礼，获得先发优势。从区域协同发展战略看，着力培育核心区域文化产业增长，充分发挥核心区域的辐射能力和带动作用，推动地区经济、文化等产业协同发展是实现区域协调发展的重要途径，北京作为区域协同发展的龙头，必将获得更多的政策支持与关注。此外，"一带一路"倡议为中国走向国际搭建了新的平台，作为我国首都，北京市也将积极寻求合作机遇，进一步宣传北京形象与中国优秀文化。

4. 双循环驱动文化产业高质量发展

加快构建新发展格局是我国结合当前国际国内形势做出的重大战略部署，也为我国文化产业高质量发展提供了全新思路。推动文化产业高质量发展成为破除经济发展瓶颈、实现产业链高端化的最优选择。放眼全球，世界主要发达国家的重要经济支柱都完成了从工业到文化产业的转变。近年来，我国第三产业占比持续提升，但仍然拥有较大优化空间。在此背景下，推进文化产业转型升级与融合成为经济社会发展的必由之路，文化产业发展规模将不断扩大。北京拥有第三产业优势，其文化产业发展将更具优势。

（四）威胁

1. 产业疏散，人口红利逐渐消退

与纽约、伦敦等世界主要发达城市相比，北京市的城市治理水平、文化发展等方面还有很多不足。而北京教育、医疗等社会资源高度集中，拥有巨大的虹吸效应，大量人口聚集使得北京"城市病"日益凸显。近年来，随着

< 156 >

疏解非首都功能的计划稳步推进实施，众多制造企业被清理退出，导致北京的产业集聚效应出现下降，人口吸引力降低，短期内在一定程度上将对北京文化产业发展造成不利影响。

2. 新一线城市崛起，国内市场竞争加剧

文化产业发展水平已成为衡量地区经济发展的重要因素之一，全国各地对文化产业的重视程度愈加提升，各地区都在积极探索自身优势，大力发展文化产业。其中，上海、广州等老牌一线城市，文化产业基础良好，杭州、深圳等地区强势崛起，新兴产业聚集，创新氛围浓厚。各地区之间人才争夺与市场资源竞争不断加剧，这无疑给北京文化产业的发展带来了巨大压力。

3. 对外开放加深，海外文化入侵

随着我国对外开放程度加深，发达国家文化企业快速进入我国文化市场，并占据越来越大的市场规模。发达国家文化产业的强势入侵，给我国文化产业带来了巨大的挑战。海外企业的加入，一方面，使我国文化资源已不再独享，文化产业资源争夺加剧，这限制了我国文化产业对本土文化资源的开发利用程度；另一方面，发达国家已形成了成熟的文化产业模式，伴随影视、动漫等文化产品的输入，其文化价值理念也逐渐渗透。若不能恰当应对处理海外文化的冲击，本土文化生存空间将受到挤压，我国文化产业发展将难以持续。尤其是北京等国际交流密切，对外开放程度高的城市，更易受到国外文化产业的冲击。

< 157 >

第九章
文化产业与北京经济的密切关系

相关分析就是对总体中确实具有联系的标志进行分析，其主体是对总体中具有因果关系标志的分析。它是描述客观事物相互间关系的密切程度并用适当的统计指标表示出来的过程。其主要方法是绘制相关图表和计算相关系数。另外，不同区域的现象之间也可能存在相关关系，这就是空间自相关，它是指一些变量在同一个分布区内的观测数据之间潜在的相互依赖性。Tobler（1970）曾指出，"地理学第一定律：任何东西与别的东西之间都是相关的，但近处的东西比远处的东西相关性更强"。本章从简单相关和空间自相关角度对北京经济和文化产业的相关性进行分析。

一、文化产业与传统三次产业的关系

（一）第一产业与文化产业的关系

农业是我们社会生存和发展的基本，它满足城市人口的基本物质生活需求，为工业提供生产资料和产品市场。随着农业科技的发展，从第一产业解放出来的劳动力成为工业和服务业人力资本的重要来源，第一产业的发展为其他两大产业包括文化产业提供了基本的物质基础。另外，文化产业的发展，例如高新技术手段在第一产业的运用，加快了第一产业生产的现代化、规模化和商品化的进程。所以文化产业与第一产业是相互依赖共同发展的。

< 161 >

（二）第二产业与文化产业的关系

一方面，第二产业所依托的现代化生产手段能够使文化产业需要的大量而价廉的文化商品得到满足。现代化的生产手段与设备为文化产业提供了更高档次的消费品（如更高视觉享受的歌舞剧等），促进了文化产业的消费水平。第二产业为文化产业提供先进的科研设备与鲜活的创意素材，为文化产业的发展奠定基础；另一方面，文化产业的发展为第二产业提供了更多样化的产品设计、更先进的生产技术以及多样灵活的管理方式和营销理念，不断扩大其经济市场，促进第二产业的经济增长。总之，第二产业为文化产业的发展奠定了现代化生产所必要的物质基础，而文化产业为第二产业的发展拓展了市场并指明了方向，增强了其市场竞争力。

（三）第三产业与文化产业的关系

"文化产业可以归为现代服务业的范畴"，但它又区别于传统意义上的服务业，主要表现在服务理念、服务手段方式、服务的范围以及社会价值的大小上。在理念上，文化产业更突出它享受、审美和精神愉悦的功能，文化产业的服务手段主要是与高科技的结合，至于服务范围，文化产业不受时间和空间的限制。

总的来说，传统三次产业是文化产业存在和发展的基础，反过来文化产业又推动了其他产业的发展，它们相互融合，互相依赖与促进。

< 162 >

二、市域范围内经济增长与文化产业的相关性

（一）三次产业与文化创意产业 [①]

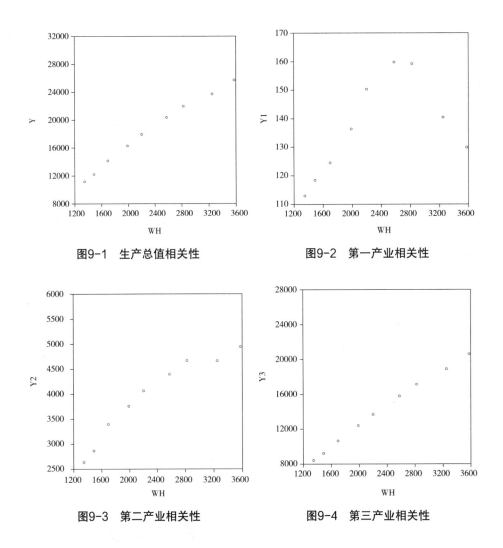

图9-1　生产总值相关性　　　　图9-2　第一产业相关性

图9-3　第二产业相关性　　　　图9-4　第三产业相关性

[①]　Y 表示地区生产总值，Y1 表示第一产业生产总值，Y2 表示第二产业生产总值，Y3 表示第三产业生产总值，WH 表示文化创意产业生产总值，单位：亿元。下同。

< 163 >

从图 9-1 至图 9-4 的散点图可以看出，文化创意产业与地区生产总值、第二产业和第三产业呈现明显的线性关系，但与第一产业线性关系不明显。

从表 9-1 可知，文化创意产业与地区生产总值、第二产业和第三产业的相关系数分别是 0.99、0.96 和 1.00，并且在 1% 显著性水平下通过检验，而与第一产业的相关系数为 0.53，并且没有通过显著性检验。

表 9-1　三次产业相关系数

产　业	Y	Y1	Y2	Y3
相关系数	0.99	0.53	0.96	1.00
伴随概率	0.00	0.14	0.00	0.00

（二）三次产业与文化、体育和娱乐业[①]

从图 9-5~ 图 9-8 的散点图可以看出，文化、体育和娱乐业与地区生产总值、第二产业和第三产业呈现明显的线性关系，但与第一产业线性关系不明显。

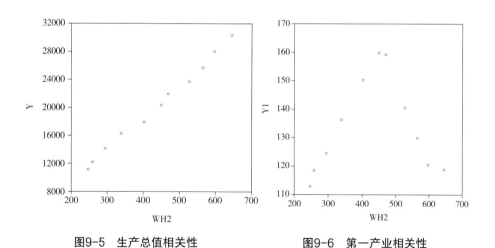

图9-5　生产总值相关性　　　　图9-6　第一产业相关性

---

① Y、Y1、Y2 和 Y3 的含义同上，WH2 表示文化、体育和娱乐业。

< 164 >

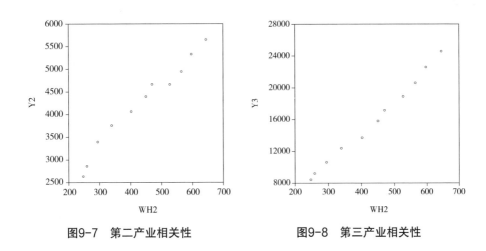

图9-7　第二产业相关性　　　　　图9-8　第三产业相关性

从表 9-2 可知，文化、体育和娱乐业与地区生产总值、第二产业和第三产业的相关系数分别是 1.00、0.99 和 1.00，并且在 1% 显著性水平下通过检验，而与第一产业的相关系数为 0.14，并且没有通过显著性检验。

表 9-2　三次产业相关系数

产业	Y	Y1	Y2	Y3
相关系数	1.00	0.14	0.99	1.00
伴随概率	0.00	0.69	0.00	0.00

三、四大功能区文化产业与经济增长的相关性分析

（一）文化、体育和娱乐业

1. 核心区[①]

从散点图 9-9 至图 9-12 可以看出，核心区文化、体育和娱乐业与地区生产总值、第二产业和第三产业呈现明显的线性关系，由于核心区没有第一

———————

① YHX 表示核心区生产总值，YHX1 表示核心区第一产业生产总值，YHX2 表示核心区第二产业生产总值，YHX3 表示核心区第三产业生产总值，WHHX2 表示核心区文化、体育和娱乐业。其他区域同理。

< 165 >

产业，因此呈水平线。

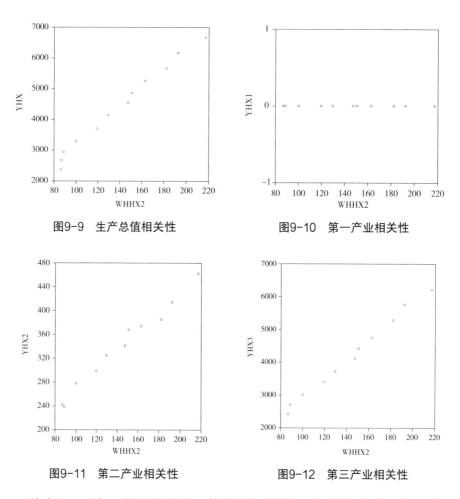

图9-9　生产总值相关性　　　　　　图9-10　第一产业相关性

图9-11　第二产业相关性　　　　　　图9-12　第三产业相关性

从表9-3可知，核心区文化、体育和娱乐业与地区生产总值、第二产业和第三产业的相关系数分别是1.00、0.99和1.00，并且在1%显著性水平下通过检验。由于核心区没有第一产业，因此没有相关系数。

表 9-3　三次产业相关系数

产业	YHX	YHX1	YHX2	YHX3
相关系数	1.00	NA	0.99	1.00
伴随概率	0.00	NA	0.00	0.00

< 166 >

2. 拓展区

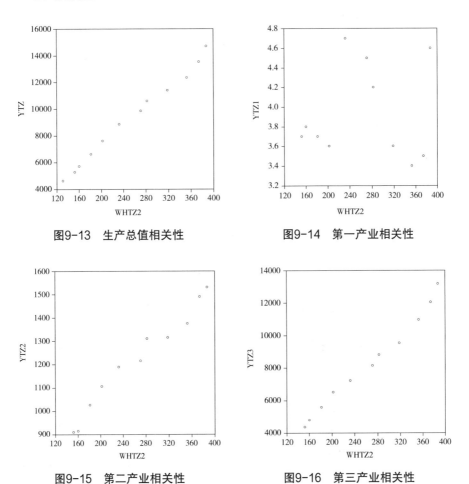

图9-13 生产总值相关性　　　　图9-14 第一产业相关性

图9-15 第二产业相关性　　　　图9-16 第三产业相关性

从散点图 9-13 至图 9-16 可以看出，拓展区文化、体育和娱乐业与地区生产总值、第二产业和第三产业呈现明显的线性关系，但与第一产业线性关系不明显。

表 9-4 三次产业相关系数

产业	YTZ	YTZ1	YTZ2	YTZ3
相关系数	0.99	0.08	0.98	0.99
伴随概率	0.00	0.81	0.00	0.00

< 167 >

从表 9-4 可知，拓展区文化、体育和娱乐业与地区生产总值、第二产业和第三产业的相关系数分别是 0.99、0.98 和 0.99，并且在 1% 显著性水平下通过检验，而与第一产业的相关系数为 0.08，没有通过显著性检验。

3. 新区

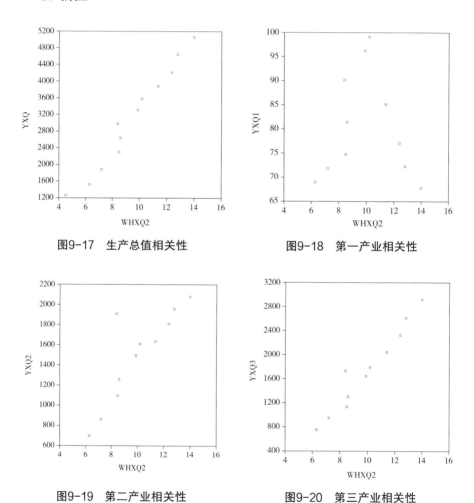

图9-17　生产总值相关性　　　　　　图9-18　第一产业相关性

图9-19　第二产业相关性　　　　　　图9-20　第三产业相关性

从散点图 9-17 至图 9-20 可以看出，文化、体育和娱乐业与地区生产总值、第二产业和第三产业呈现明显的线性关系，但与第一产业线性关系不明显。

< 168 >

表 9-5　三次产业相关系数

产业	YXQ	YXQ1	YXQ2	YXQ3
相关系数	0.99	−0.06	0.85	0.97
伴随概率	0.00	0.87	0.00	0.00

　　从表 9-5 可知，文化、体育和娱乐业与地区生产总值、第二产业和第三产业的相关系数分别是 0.99、0.85 和 0.97，并且在 1% 显著性水平下通过检验，而与第一产业的相关系数为 −0.06，没有通过显著性检验。

4. 涵养区

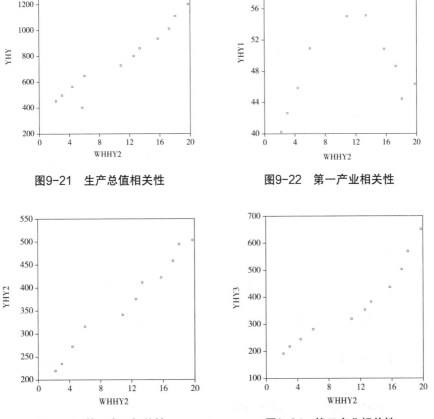

图9-21　生产总值相关性　　　　　　图9-22　第一产业相关性

图9-23　第二产业相关性　　　　　　图9-24　第三产业相关性

< 169 >

从散点图 9-21 至图 9-24 可以看出，文化、体育和娱乐业与地区生产总值、第二产业和第三产业呈现明显的线性关系，但与第一产业线性关系不明显。

表 9-6   三次产业相关系数

产业	YHY	YHY1	YHY2	YHY3
相关系数	0.98	0.33	0.99	0.96
伴随概率	0.00	0.33	0.00	0.00

从表 9-6 可知，文化、体育和娱乐业与地区生产总值、第二产业和第三产业的相关系数分别是 0.98、0.99 和 0.96，并且在 1% 显著性水平下通过检验，而与第一产业的相关系数为 0.33，没有通过显著性检验。

（二）规模以上文化创意产业 [①]

1. 核心区

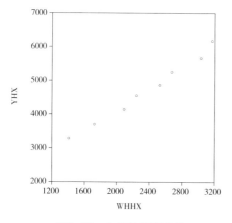

图9-25   生产总值相关性　　　　图9-26   第一产业相关性

---

① 此处指的是规模以上文化创意企业的收入。

< 170 >

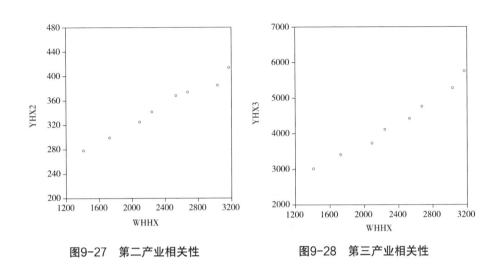

图9-27　第二产业相关性　　　　　　图9-28　第三产业相关性

从散点图 9-25 至图 9-28 可以看出，文创收入与地区生产总值、第二产业和第三产业呈现明显的线性关系，由于核心区没有第一产业，因此呈水平线。

表 9-7　三次产业相关系数

产业	YHX	YHX1	YHX2	YHX3
相关系数	0.99	NA	0.99	0.99
伴随概率	0.00	NA	0.00	0.00

从表 9-7 可知，文创收入与地区生产总值、第二产业和第三产业的相关系数分别是 0.99、0.99 和 0.99，并且在 1% 显著性水平下通过检验，由于核心区没有第一产业，因此相关系数不存在。

2. 拓展区

从散点图 9-29 至图 9-32 可以看出，文创收入与地区生产总值、第二产业和第三产业呈现明显的线性关系，但与第一产业线性关系不明显。

< 171 >

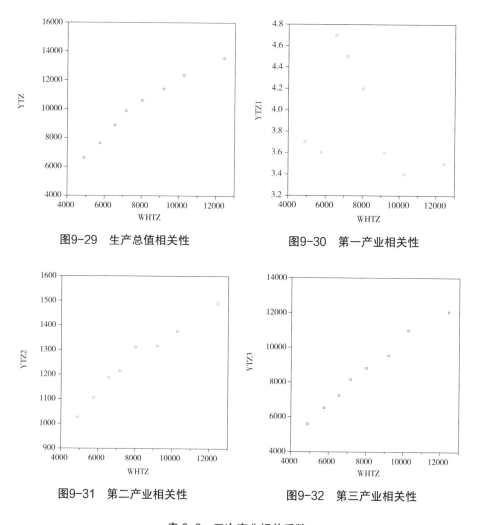

图9-29　生产总值相关性　　　　图9-30　第一产业相关性

图9-31　第二产业相关性　　　　图9-32　第三产业相关性

表 9-8　三次产业相关系数

产业	YTZ	YTZ1	YTZ2	YTZ3
相关系数	0.98	−0.42	0.98	0.99
伴随概率	0.00	0.30	0.00	0.00

从表9–8可知，文创收入与地区生产总值、第二产业和第三产业的相关系数分别是0.98、0.98和0.99，并且在1%显著性水平下通过检验，而与第一产业的相关系数为–0.42，没有通过显著性检验。

< 172 >

3. 新区

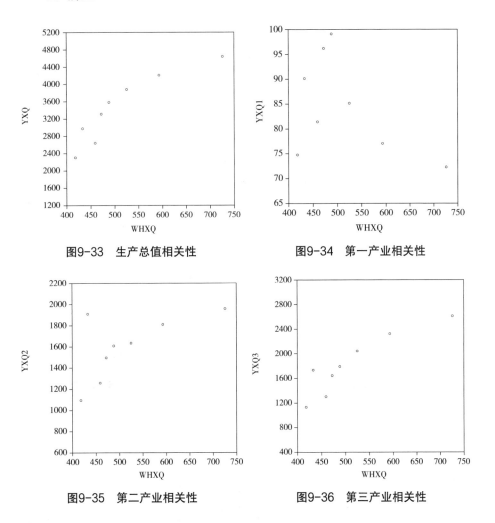

图9-33　生产总值相关性　　　　　　图9-34　第一产业相关性

图9-35　第二产业相关性　　　　　　图9-36　第三产业相关性

从散点图 9-33 至图 9-36 可以看出，文创收入与地区生产总值、第二产业和第三产业呈现较为明显的线性关系，但与第一产业线性关系不明显。

表 9-9　三次产业相关系数

产业	YXQ	YXQ1	YXQ2	YXQ3
相关系数	0.91	−0.48	0.64	0.91
伴随概率	0.00	0.23	0.09	0.00

< 173 >

从表9-9可知，文创收入与地区生产总值和第三产业的相关系数都是0.91，并且在1%显著性水平下通过检验，与第二产业的相关系数是0.64，在10%显著性水平下通过检验，而与第一产业的相关系数为-0.48，并且没有通过显著性检验。

4. 涵养区

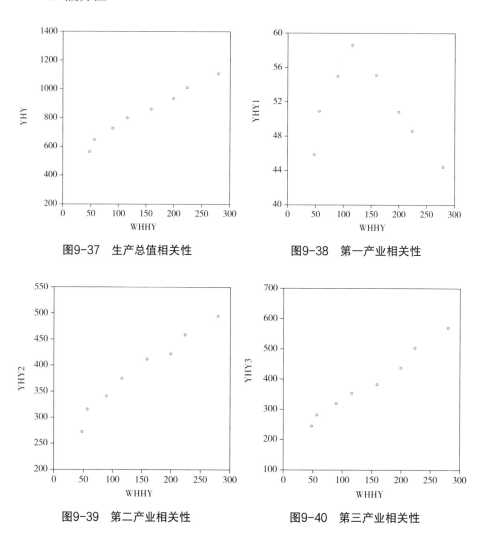

图9-37　生产总值相关性

图9-38　第一产业相关性

图9-39　第二产业相关性

图9-40　第三产业相关性

< 174 >

从散点图 9-37 至图 9-40 可以看出，文创收入与地区生产总值、第二产业和第三产业呈现明显的线性关系，但与第一产业线性关系不明显。

表 9-10　三次产业相关系数

产业	YHY	YHY1	YHY2	YHY3
相关系数	0.99	-0.34	0.98	0.99
伴随概率	0.00	0.41	0.00	0.00

从表 9-10 可知，文创收入与地区生产总值、第二产业和第三产业的相关系数分别是 0.99、0.98 和 0.99，并且在 1% 显著性水平下通过检验，而与第一产业的相关系数为 -0.34，没有通过显著性检验。

四、空间相关性分析

"空间自相关"可理解为位置相近的区域具有相似的变量取值。如果高值与高值聚集在一起，低值与低值聚集在一起，则为"正空间自相关"；反之，如果高值与低值相邻，则为"负空间自相关"；如果高值与低值完全随机分布，则不存在空间自相关。

考虑空间序列 $\{x_i\}_{i=1}^{n}$。基于空间自相关的复杂性，学者们提出了一系列度量空间自相关的方法，其中最为流行的是"莫兰指数 I"（Moran's I），计算方法如下：

$$I = \frac{\sum_{i=1}^{n}\sum_{j=1}^{n} w_{ij}\left(x_i - \bar{x}\right)\left(x_j - \bar{x}\right)}{S^2 \sum_{i=1}^{n}\sum_{j=1}^{n} w_{ij}}$$

其中，$S^2 = \dfrac{\sum_{i=1}^{n}\left(x_i - \bar{x}\right)^2}{n}$ 为样本方差，w_{ij} 为空间权重矩阵的 (i,j) 元素（用来度量区域 i 与区域 j 之间的距离）。莫兰指数 I 的取值一般介于 -1 与 1

< 175 >

之间，大于 0 表示正相关，即高值与高值相邻、低值与低值相邻；小于 0 表示负相关，即高值与低值相邻。一般来说，正相关比负相关更为常见。如果莫兰指数 I 接近于 0，则表明空间分布是随机的，不存在空间自相关。

莫兰指数 I 并非唯一的空间自相关指标，另一常用指标为："吉尔里指数 C"（Geary's C），也称为"吉尔里相邻比率"，计算方法如下：

$$C = \frac{(n-1)\sum_{i=1}^{n}\sum_{j=1}^{n}w_{ij}\left(x_i - x_j\right)^2}{2\left(\sum_{i=1}^{n}\sum_{j=1}^{n}w_{ij}\right)\left[\sum_{i=1}^{n}\left(x_i - \bar{x}\right)^2\right]}$$

吉尔里指数 C 的取值一般介于 0 与 2 之间（2 不是严格上限），大于 1 表示负相关，等于 1 表示不相关，而小于 1 表示正相关。

然而，莫兰指数 I 与吉尔里指数 C 的共同缺点在于无法区别"热点"与"冷点"区域。所谓热点区域，即高值与高值聚集的区域；而冷点区域则是低值与低值聚集的区域。热点区域和冷点区域都表现为正自相关。为此，Getis 和 Ord（1992）提出了"Geti–Ord 指数 G"，计算方法如下：

$$G = \frac{\sum_{i=1}^{n}\sum_{j=1}^{n}w_{ij}x_i x_j}{\sum_{i=1}^{n}\sum_{j\neq i}^{n}x_i x_j}$$

其中，$x_i > 0$，$\forall i$；而 w_{ij} 来自非标准化的对称空间权重矩阵，且所有元素均为 0 或 1。显然，如果样本中高值聚集在一起，则 G 较大；如果低值聚集在一起，则 G 较小。在无空间自相关的原假设下，可以证明，$E(G) = \frac{\sum_{i=1}^{n}\sum_{j\neq i}^{n}x_i x_j}{n(n-1)}$。如果 G 值大于此期望值，则表示存在热点区域；如果 G 值小于此期望值，则表示存在冷点区域。标准化的 G 服从渐进标准正态分布：

$$G^* = \frac{G - E(G)}{\sqrt{Var(G)}} \xrightarrow{d} N(0,1)$$

< 176 >

如果 $G^* > 1.96$，则可在 5% 水平上拒绝原假设，认为存在空间正自相关，且存在热点区域。反之，如果 $G^* < -1.96$，则可在 5% 水平上拒绝原假设，认为存在空间正自相关，且存在冷点区域。

表 9-11　文化产业空间相关系数

时间（年）		2007	2008	2009	2010	2011	2012	2013	2014	2015	2016	2017	2018
I	数值	0.29	0.25	0.24	0.23	0.25	0.23	0.23	0.23	0.21	0.21	0.21	0.24
	p 值	0.00	0.01	0.01	0.01	0.01	0.01	0.01	0.01	0.01	0.01	0.01	0.01
C	数值	0.91	1.03	1.03	1.05	1.01	1.04	1.06	1.07	1.09	1.09	1.10	1.05
	p 值	0.69	0.92	0.92	0.86	0.98	0.87	0.83	0.81	0.75	0.75	0.74	0.87
G	数值	0.78	0.83	0.82	0.80	0.80	0.79	0.79	0.79	0.79	0.79	0.80	0.80
	p 值	0.00	0.00	0.00	0.00	0.00	0.00	0.00	0.00	0.00	0.00	0.00	0.00

从表 9-11 可知，莫兰指数 *I* 处于 0.2~0.3，而且在 1% 显著性水平下全部通过检验；吉尔里指数 *C* 的值处于 0.9~1.1，但没有通过显著性检验；*G* 指数处于 0.78~0.83，而且在 1% 显著性水平下全部通过检验。因此，综合来看，各区的文化产业之间存在空间相关性。

< 177 >

第十章

文化产业如何影响北京经济

经济增长通常是指在一个较长的时间跨度上，一个国家人均产出（或人均收入）水平的持续增加。经济增长率的高低体现了一个国家或地区在一定时期内经济总量的增长速度，也是衡量一个国家或地区总体经济实力增长速度的标志。用现价计算的 GDP（国内生产总值），可以反映一个国家或地区的经济发展规模，用不变价计算的 GDP 可以用来计算经济增长的速度。本章以 GDP 表示经济增长，研究了文化产业对北京经济增长的影响。

一、文化产业影响经济增长的理论分析框架

从经济发展的普遍趋势来看，文化产业的发展与经济增长应当是相辅相成的。文化产业的发展需要一定的经济基础作为保障，只有社会经济实力保持一定的水平，才能有条件发展文化产业。同时，文化产业的进一步发展也会反过来带动社会经济的增长。文化知识的传播和发展，将先进的理念、观念、思想传递到更多人的身边，陶冶人们的情操，深化人们的思想，提高人们的素质，进而提升社会的整体素质。文化产业的发展之所以会对经济增长起到巨大的作用，主要在于文化产业自身具备产业渗透特征，具有自身的产业特性，主要是通过提高生产效率和生产者素质、增加资本积累和科技创新的应用来促进整个社会的经济增长。总体而言，文化产业具体通过两种方式来实现经济增长：一是文化产业通过自身的发展对经济增长的直接带动，表现为文化产业及相关产业对 GDP 增长和扩大就业的影响；二是文化产业通

< 181 >

过间接影响其他生产要素进而促进经济增长，主要表现为提升人力资本、提高劳动生产效率、优化经济制度、优化产业结构、增强产业关联等方式。文化产业发展对经济增长影响的逻辑结构如图 10-1 所示。

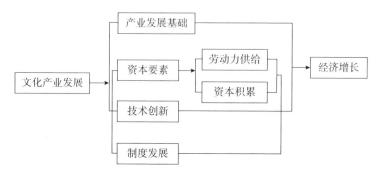

图10-1　文化产业影响经济增长的机制

文化产业发展对经济增长的直接影响主要体现为，通过文化产业发展、基础资源的积累和技术创新改造来扩大文化产业发展规模，调整文化产业发展结构，直接贡献于地区经济增长。而间接影响主要表现为文化产业发展过程中的资本要素积累和制度发展，以产业渗透的形式，通过促使产业人力资本和金融资本的不断增加，作用于推动经济增长的各个环节。

二、文化产业影响经济增长的实现过程

（一）直接影响

21 世纪以来，文化产业的创意特性逐渐凸显，以文化产品的高端化为标志，进入文化产业创意和成熟时代，文化的力量不断扩散，文化产业的关联作用不断强化，成为社会财富和经济价值增值的主要贡献力量。文化产业具有广泛的产业关联的属性特征，对经济增长具有显著的杠杆作用，对推动国民经济的增长将发挥不可替代的作用。

< 182 >

1. 文化产业发展的基础资源积累直接拉动经济增长

随着文化产业的不断发展，涉及产业发展的基础资源，包括文化产业总量、文化产业从业人员规模、文化产业机构规模以及文化产业结构的优化调整等的不断积累，均会直接作用于经济增长。第一，文化产业的产出能力是文化产业发展水平的最为直观的衡量指标，也是文化产业继续发展的重要基础资源。而文化产业产值总量直接从属于经济总量，因此文化产业产值规模的扩大对经济增长的贡献不言而喻。同时，文化产业发展的内部结构调整对经济增长具有重要的暗示和指引作用。市场经济发展的需要，要求产业发展方向进行及时调整，文化产业中原先不太适合市场竞争以及产品经济价值较低的行业会逐渐收缩，而高价值行业会逐渐扩大发展，这种产业结构不断向高价值端优化的过程，促使产业价值积累更加迅速，对经济增长的拉动更为明显。第二，文化产业从业人员规模的不断壮大，有助于缓解社会就业和拉动经济增长。自从古典、新古典经济学开始，就对经济增长与就业之间的关系展开研究分析。截至目前，形成了多种观点和结论，这些观点和结论分别从就业弹性变化趋势、经济增长与就业增长同步性、高增长低就业原因、产业产值增长的非均衡就业、经济增长优先与就业优先争论、特殊人群就业与经济增长关系等角度进行了大量研究，这为文化产业就业人数对 GDP 的影响研究提供了重要的借鉴。文化产业具有产业属性（经济属性）和文化属性（意识形态属性）双重属性，所以文化产业的发展壮大，往往会带动大量的就业人数，提高整个社会的就业水平，进而拉动经济增长。第三，文化产业机构是文化产业发展的重要组成部分，都是基于满足日益增长的文化产业发展壮大的需求而设立的。一个地区，文化产业越发达，文化产业越丰富，往往这个地区文化机构数量就越多。因此，文化产业机构数量是衡量文化产业发达程度的重要指标。无论是文化产业发达的国家如美国、俄罗斯、日本和韩国等，还是国内文化产业发达的省市（地区），也都基本上呈现这样的规律，随着文化产业不断发展、壮大，文化产业机构数量也需要不断增多。文

< 183 >

化产业机构的成立，往往需要大量的投资，无论是政府直接投资，还是民间投资，都会带来经济社会投资总量的增加，引起 GDP 总量的增加，带动经济发展。文化产业机构的设立，也需要购买大量的设备或产品，产生大量的引致需求，最终能引起社会总需求的增加，拉动 GDP 增长，从这个角度来看，文化产业机构规模的增加是文化产业扩张发展的表现，有助于拉动经济增长。

2. 文化产业投资对经济增长的乘数效应

投资拉动经济增长，已经成为公认的经济定律，俗称是拉动经济增长的三驾马车之一。经济不太好的时候，政府往往会使出"投资拉动"这一政策措施，当然投资的领域各有侧重。比如建设一条高铁，投资往往是数百数千亿元，需要购买大量的钢轨和水泥路基，还有机车、通信设施。这样，制造钢轨和水泥构件以及机车、通信设施的工厂就会有机会销售自己的产品，获得利润。由于需求的增加，钢铁、水泥、车辆厂就需要投资建设新的厂房、购买新设备以扩大生产。当然，这些企业的需求又会向其他企业传导，进而带动产业链上其他企业生产增加和投资增长。按照新古典经济增长理论，人力资本、知识或技术进步等可以带来边际收益递增效应，都对知识和技术予以了充分重视，并将其完全内化。新古典经济学派认为，增长的原动力不是资本积累而是知识积累。而文化产业是通过劳动者运用知识的创造活动，间接地对经济有很强的推动作用。一直以来，文化产品的再生产是文化产业的核心，也是文化劳动凝结而成的重要成果。从这个意义上说，文化产业建立在内生经济增长理论之上，也是新知识、新技术、新文化不断产生的源泉。文化产业更多层面是通过无形资产和无形价值来促进经济增长，始终引领经济的可持续增长，使人类在发展经济和创造财富的过程中逐渐依赖自身的创造性资源，而慢慢脱离外部资源因素。特别是在新经济时代，文化产业提供的技术形式和知识形态的产品，都充分显示了其在经济增长中的重要地位和

< 184 >

作用。具体来分析，文化产业投资对经济增长的影响，主要表现在两个方面：一方面，文化产业投资增加引导和刺激全社会消费。文化产业具有产业属性（经济属性）和文化属性（意识形态属性）双重属性。现实中，文化产业因其生产的产品能够满足人们的消费需求而具有产业属性。文化产业生产的产品和提供的服务主要满足人们的精神文化需求，具有特殊的文化属性。因此，文化产业投资对居民消费的影响非常显著，进而促进经济增长。根据马斯洛的需求层次理论，随着经济发展和居民收入的不断提高，人的需求会逐步从低层次向高层次发展，需求会逐步从物质需求向精神需求发展。文化产业提供的就是典型精神需求品，文化产品会吸引越来越多的消费，通过消费推动经济的动态机制，促进经济增长。另一方面，文化产业投资作为产业投资，对整个社会投资具有放大作用。很明显，文化产业投资是整个社会投资的一部分，且文化产业是高附加值产业，相比其他产业而言，文化产业投资增加，会导致社会投资总量以乘数增加。而根据国民经济核算理论和投资乘数效应，社会投资总量的增加，会产生乘数效应，刺激经济增长。

（二）间接影响分析

文化产业发展对经济增长的间接影响主要体现在，文化产业发展的"文化因素"和"产业因素"。首先对一个国家或地区的劳动力结构、资本积累、技术和制度产生影响，然后间接地影响到经济增长水平。

1. "文化因素"是文化产业所具备的产业发展特征，其对劳动力或者人力资本的积累的影响巨大

根据 Thodore W.Schults（1960）的人力资本理论，一个地区或民族文化发展的水平和层次，将影响到当地人口数量、劳动参与率、劳动时间、劳动效率（包括客观的劳动能力和主观的努力程度）。如偏好生育的文化观念导

< 185 >

致高生育率和人口膨胀，将一定程度上影响经济发展。在某一比例条件下，能够促进经济增长；超出一定的比例，将抑制经济的增长。同样在一个高生育率文化的社会，将面临人口幼龄化和偏高的男女性别比；然而，在一个低生育率文化的社会，将面临人口老龄化和偏低的男女性别比。人口的幼龄化和老龄化会直接影响到当地经济的就业结构和质量，进而影响到整个经济的产业结构。一个有利于促使社会变得更勤劳的文化（工作态度）氛围，能够有效增强工作激励，提高劳动参与率和劳动效率，通过劳动的有效供给带动经济增长和社会发展。文化产业本身具备"文化因素"特性，因此其发展过程伴随着对人力资本的选择和优化，可以巧妙地避免劳动力低效率状态，组成较优的人力资本结构，而这正是经济增长所需要的。

2. 文化产业的"文化因素"有助于促进金融资本积累、技术创新以及制度变革

第一，根据 John Keynes（1933）的宏观经济理论，社会文化能够影响居民的消费理念，偏好储蓄、强迫节省的消费理念能够促进社会资本的积累，能够提高整个社会的投资率水平，进而影响到经济增长水平。第二，文化产业的"文化因素"极易促使技术创新的发生。不同区域文化对该地区技术发明、创造能力提升和创新精神的培育起着重要作用。如果一个国家或民族具有开放、灵活、平等、协作、竞争、吃苦、拼搏的文化氛围，具有敢于冒险不怕失败的创新创业精神，该地区就容易获得技术产品创新的成功。第三，文化产业的"文化因素"推动产业制度乃至经济制度的变革。根据制度经济学的理论，政策制度的有效实施离不开一定的文化基础，社会不会认同与人们的道德相悖的规则。如果和意识形态、宗教戒律、伦理道德之类的文化相背离，缺乏"文化因素"的自律机制，即使制定了制度规则安排，也很难顺利运作下去，或者运行制度的成本代价很高。因此，在文化产业发展过程中，产业制度相对灵活，对经济制度的安排具有启示性，而经济增长在很

< 186 >

多时候需要合理的经济制度引导。

　　总体而言，文化产业发展能够通过多种形式和途径影响经济增长，且这种影响多表现为正向的、积极的。随着文化产业的发展，文化产业基础资源不断积累，产业规模不断扩大，产业结构不断调优，产业技术创新直接影响经济增长，同时文化产业发展过程中伴随的资本积累和制度变革，通过产业传导渗透等方式间接作用于经济增长。

三、文化产业对北京经济增长的影响

（一）文化产业的发展有利于促进北京的经济增长

　　文化产业的发展促进了北京经济的增长，对各功能区的影响有所不同。从全市看，文化产业每增长 1%，能促进 0.10% 的经济增长；从各功能区看，文化产业每增长 1%，能促进核心区 0.30%、拓展区 0.40%、新区 0.33%、涵养区 0.02% 的经济增长。实际上，随着北京"四个中心"城市战略定位的实施，文化产业发展迅速，产值从 2007 年的 227.4 亿元增加到 2018 年的 645.9 亿元，增加了 1.8 倍。核心区、拓展区、新区和涵养区的文化产业占 GDP 的比重分别为 3.2%、2.8%、0.3% 和 1.3%，对经济增长的贡献可见一斑。核心区依托"两轴"（长安街和南北中轴线）丰富的历史文化资源，大力发展文化产业。拓展区依托三山五园①、奥林匹克中心等大型旅游、体育设施，文化旅游业发展迅猛。新区虽然没有丰富的文化资源，但作为非首都功能疏解和产业转移的主要承载区，文化产业对经济增长的边际效应正在逐步显现，而且通州作为副中心，产业布局也是高端化，随着世界主题公园的建成，文化

---

　　①　三山五园，是对北京西北郊以清代皇家园林为代表的历史文化遗产的统称。三山是指万寿山、香山、玉泉山，五园是指颐和园、静宜园、静明园、畅春园和圆明园。

< 187 >

产业对经济的贡献会越来越大。涵养区依托优美的自然景观，大力发展休闲旅游观光业，从而促进了经济发展，但由于产业结构相对单一，因此对经济增长的边际效应并不高，只有 0.02%。

（二）文化产业提高人力资本的效力差异明显

从全市范围看，在核心区和拓展区，文化产业可以通过提高人力资本来促进经济增长，而在新区和涵养区则表现为负作用。随着非首都功能的疏解、整治提升，就业人口的结构得到了进一步优化。核心区有着丰富的历史文化资源，而拓展区聚集了绝大部分的高等院校和科研院所，对人力资本的提升起到重要作用。

新区和涵养区的文化资源相对匮乏，而且文化产业规模很小。在规模以上文化创意产业中，新区的收入从 2010 年的 418.2 亿元上升到 2017 年的 726.8 亿元，增加了 308.6 亿元；涵养区的收入从 2010 年的 47.5 亿元上升到 2017 年的 280.1 亿元，增加了 232.6 亿元。在四大功能区的占比更是非常小，新区从 2010 年的 6.2% 下降到 2017 年的 4.4%，涵养区的占比最高为 2017 年的 1.7%。另外，随着非首都功能向远郊地区逐步疏解，新区作为主要承载地，有效地承接了中心城区的部分产业和就业人口，2017 年比 2010 年的就业人口增加了 34.1 万人，涵养区也增加了 4.2 万人，2017 年新区和涵养区的就业人口占比分别为 20.9% 和 5.5%。很显然，就业人口与文化产业发展存在不相适应的现象，文化产业尚无法有效提升这两个功能区的人力资本。

（三）文化产业在提高资本的文化内涵方面差异明显

从全市范围看，文化产业没有同固定资产投资有效结合来促进经济增长，反而起了负作用。在核心区也为负，其他三大功能区为正，但只有新区

< 188 >

通过了显著性检验。这样的结果可能是固定资产投资与文化产业发展不相适应造成的。实际上，全市固定资产投资从 2007 年的 3966.6 亿元增加到 2018 年的 8065.6 亿元，极大地促进了经济增长，但由于非首都功能的疏解还在逐步进行，因此文化产业的发展与固定资产投资可能存在不相适应的问题。四大功能区的文化产业没有同制造业有效融合。核心区是中华文明的集中体现区域，传承着中华民族的历史文脉，集聚了丰富的历史文化资源，这种特征决定了核心区无法有效地同制造业融合发展。拓展区的第二产业的比重在 2018 年为 10.4%，拓展区能充分利用区内丰富的科技、创意和设计资源实现同制造业的融合发展。新区第二产业的比重在 2018 年为 41.0%。特别是城南，是战略性新兴产业和高端制造业的集聚区，同时随着非首都功能疏解的逐步推进，新区承接了中心城区文化产业领域的部分产业和环节，有效地推动了与制造业的融合发展。涵养区的第二产业的比重在 2018 年为 41.9%，其规模以上文化创意产业的收入从 2010 年的 47.5 亿元迅速增加到 2017 年的 280.1 亿元，平均增速达 28.9%，文化产业与制造业的融合效应开始显现。

< 189 >

第十一章

文化产业优化北京产业结构

产业结构，亦称国民经济的部门结构，是指国民经济各产业部门之间以及各产业部门内部的构成。产业结构优化升级是产业结构合理化和高度化的有机统一。产业结构合理化，是指在现有技术基础上实现的产业之间的协调，涉及产业间各种关系的协调，如各产业间在生产规模上比例关系的协调、产业间关联程度的提高等，还包括产值结构的协调、技术结构的协调、资产结构的协调和中间要素结构的协调。产业结构高端化，也称产业结构高级化，是指产业结构根据经济发展的历史和逻辑序列从低级水平向高级水平的发展，包括在整个产业结构中由第一产业占优势比重逐级向第二、第三产业占优势比重演进，由劳动密集型产业占优势比重逐级向资本密集型产业、技术知识密集型产业占优势比重演进，由制造初级产品的产业占优势比重逐级向制造中间产品、最终产品的产业占优势比重演进。本章从产业结构合理化和高端化两方面研究文化产业对北京产业结构优化升级的影响。

一、文化产业发展对产业结构优化的作用机制

文化产业发展对产业结构优化的作用机制主要体现在：通过产业链融合以实现产业间关系协调、通过技术进步提高经济资源使用效率、通过文化附加值拉动供求结构改变和通过主导产业更替增强产业结构转换能力等四个方面。

< 193 >

（一）通过产业链融合实现产业间关系协调

产业链的思想源自亚当·斯密的开创，产业融合指通过对生产要素的最优配置实现经济利益和社会利益的最大化，是经济增长的动力。通过促进产业之间的创新，最终实现产业间关系协调。只有产业间关系协调发展，文化产业的经济能力被充分释放，产业间资源配置才能在均衡中得以优化。创意要素在产业链融合的过程中已逐渐分离并独立，成为投入要素的一种形式，这决定了文化产业处于产业链的高端地位。文化产业的发展是在制造业充分发展和升级、服务业不断壮大基础上形成的，是第二、第三产业融合发展的结果，其成长性和创新性强，产业关联效应和扩散效应广。

Lawrence 和 Phillips 将文化产业迅速发展的渠道解释为文化产品对原有工业、制造业的渗透，及通过提高工业产品内的文化设计密集度，增强产品的竞争优势。对内，文化产业内部积极培养独立生产、协调平衡、自我累积和向外扩张的能力，积极主动发展，加强内部机制的建设；对外，文化产业外部的产业关联组成完整的产业链条，对整个国民经济产业优化和调整具有十分有效的整体"拉动"作用。

（二）通过技术进步提高经济资源使用效率

文化产业通过技术创新和知识溢出作用于经济发展。作为创新密集型产业，文化产业具有规模报酬递增的发展机制，正是技术的支撑使文化产业链延伸，文化产品新载体出现，开拓了文化市场，提升了利润率，改变了产业运作模式，加深了产业融合发展，促进了不同产业间生产要素的渗透。创新就是"生产要素的新组合"，创意在技术进步的推动下，形成扩散效应，推动经济增长。反之技术进步对文化产业的影响同样是革命性的。文化产业是文化和科技相结合的产物，表达了文化的特性和科技的张力，科技和文化的

< 194 >

有机结合加快了工业化的步伐，提高了经济资源的使用效率，促进了产业结构的升级。从科技到创意，将文化创意元素赋予原本冰冷的科技，使其变成了具有人文关怀含义的创意产品；从创意到科技，是从创意出发，借助科技手段实现创意，变成产品。

科学技术进步是文化产业发展的引擎，创意是文化产业发展投入的核心要素，知识产权财富化是文化产业发展的关键。著名经济学家罗默指出，新创意会衍生新产品类型，拓展新市场领域和创造财富新机会。文化产业以创意为核心，而创意依靠科技实现，文化产业发展和科技发展互为表里，相互促进，推进了生产方式的集约化、规模化和专业化，提高了资源的使用效率。文化产业的发展伴随着多元化、个性化和定制化产品的出现，各类产品和服务的创意设计将实现社会化的认可、传递与共享，改变工业时代产品大规模生产带来的"千人一面"状况。知识、创意作为生产要素的出现提升了其他产品的象征含义，促使进上游新技术的开发，催生新型工艺，而随着人们消费能力增加、文化认知程度的提高和自我个性的标榜，成功的创意越来越广泛地被社会接受认可，使得消费者多元化、体验式和服务至上的核心诉求得到满足。

创意的实现离不开科学技术的进步，科学技术将人类的创意从意识形态转化为物质形态，实现了人类的许多想象，进一步以商品的形式出现，重新创造、提升、构建文化资源。知识外溢和技术扩散升级了工业产品的设计理念，建立在信息技术平台之上的文化产业，以声光电为主要媒介，运用激光、卫星、网络等相关技术的进步提高了文化产业经济资源的使用效率，拓展了文化产品流通领域，开发了文化产业新的发展空间。

（三）通过文化附加值拉动供求结构改变

文化产业以创意为核心内容，文化产品向外延伸辐射的过程中，文化产

< 195 >

品的附加值便在供求结构中体现。在人类社会生产活动中，文化创意是不可或缺的组成部分，它以无边界的创意为主要形式存在于各行各业的创新领域，不论是依托于其他行业或是独立成为单独产业，都位居价值链高端，所生产的产品附加值远高于其他行业。文化产业的产品价值除了实体价值之外，还有其文化价值，包括审美价值、精神价值、社会价值、历史价值和象征价值等。这些文化附加值，可成为一种财富、一种价值永恒的储存方式，提供利益，满足消费欲望。文化产业的发展将创意、技术和文化渗透到价值链的关键环节，具备资源消耗低、文化附加值高、产业关联广泛的特点，是一种新型产业结构。同时，文化产业还具有规模报酬递增的特点，使其具有一定的"溢出效应"，而文化附加值正是"溢出效应"的最佳体现。由于文化附加值，文化产业的越界渗透才有利于其产业链的高端位置直接或间接拉动供求结构，实现全产业链的协同带动。文化产业的附加值产生，并非简单的复制，而是"需求产生—知识、技术积累—创意产生—产品生产—消费者认可—附加值体现—被模仿—大量生产—供求结构改变—再创新—产业结构升级—刺激新需求"的循环过程。在这个过程中需要依靠文化产业人员的智慧和创意，创新地借助科学技术对传统的文化资源进行开发创造和加工流通，提高文化附加值，提供包容性、开放性和可拓展的产品，以产业促销实现社会经济变化，引领经济体系中的创新范式。企业将文化因素引入产品生产，从而塑造价值观念，培育消费者对该价值观念的认可，刺激消费者的需求，满足消费者精神效用，提高企业的核心竞争力，使产品具有文化含量，在物质性产品的基础上附着文化价值。

文化产业发展不但满足消费欲望而且制造消费欲望，从国际经济发展的实践经验来看，由于消费者普遍具有追求高享受的主观愿望，这种追求会促使消费结构不断攀升，而消费结构的不断攀升会推动供给结构相应地提升。Pratt（1997）第一次从价值链的角度构建"文化产业生产系统"，将文化产业分为构思、生产、分销和消费四个流程。知识、技术和文化附加值高

< 196 >

的生产环节其利润率就高，知识、技术和文化含量低的生产环节其利润率就低，企业逐利的本性将引导资金、资本和生产资料等进入利润率高的行业进行生产流程的再造，克服低附加值的压力，向产业发展中附加值高的区块移动。大众的文化消费是一种社会行为，与社会紧密相关，受一切社会关系的影响，消费者通过文化附加值将向社会声明"自己是一个什么样的人"，经济越发达、消费能力越强，这种自身的个性就越彰显，就越需要某些文化标志，对文化附加值的需求就越高。

（四）通过主导产业更替增强经济发展质量

主导产业，是指对区域经济中起主导作用的产业，主导产业的产值占有一定比重，技术含量高，增长潜力大，就业效果好，对其他产业及整个区域经济的发展都有较强的带动作用。产业结构高级化的表现形式是主导产业的有序更替，产业关联中的优质产业有可能成为主导产业。主导产业的更替，促使企业在逐利的动机下调整生产策略，革新生产技术，吸引大量资本进入相应的生产领域，实现了资源、技术、人才、资金等要素的重新配置，是区域形成合理有效产业结构、淘汰落后产业、形成新型的产业匹配关系的有效契机。由于文化产业的特点，使其具备成为主导产业的潜力：从比较优势的角度，文化产业有市场需求、生产要素、生态效益和生产技术等四方面的优势；从产业关联的角度，文化产业的行业体系大，产业链长，与其他产业高关联高联动；从收入弹性的角度，文化产业提升了社会的需求结构形态。威廉·佩蒂曾指出的经济发展的产业中也将有形商品生产逐步向无形服务生产过渡，由于先导产业提供了文化产业发展的资本，人才的发展促进了文化产业的发展，而收入提高也是刺激文化消费的重要途径，文化产业成为主导产业的潜力非常明显。世界主要发达国家的文化产业的几十年发展经验表明，文化产业已成为美、英等发达国家的主导产业。日本著名经济学家曾提出

< 197 >

"21 世纪的经济学将由文化与产业两部分构成"，这是因为产品文化内容价值的比重迅速增大，而物质形式的价值相应下降，正是文化产业同其他产业间的高关联性，决定了文化产业成为主导产业的可能，而欧美等发达国家文化产业的发展经验，则验证了这种可能。根据赫希曼的产业关联理论和罗斯托主导的产业发展理论，主导产业的选择侧重于产业的发展优势和扩散效应（回顾、旁侧、前瞻）。文化产业，因其深刻的渗透和广泛的关联对区域经济产生重大影响，逐步成为区域的主导发展力量。

二、文化产业对北京经济结构的优化分析 ①

（一）文化产业整体上有利于产业结构的优化

综合来看，文化产业有利于产业结构的优化，随着非首都功能的疏解、文化创新和科技创新"双轮驱动"战略的有效实施，北京文化产业迅速发展，文化创意产业从 2008 年的 1346.4 亿元逐步上升到 2016 年的 3581.1 亿元，增加了 2234.7 亿元，是 2008 年的 2.7 倍，占比从 2008 年的 12.1% 上升到 2016 年的 14%，对经济结构优化的贡献越来越大。

（二）文化产业对产业结构的优化在各功能区有差异

在四大功能区的作用大小不一，在核心区表现为不显著的正作用，其原因可能是：核心区虽然拥有非常丰富的历史文化资源，但其产业结构的优化程度已经到了一个非常高的水平，2018 年，第三产业比重达到了 93.1%，产业结构处于高级化的过程中。

---

① 同大多数学者一样，产业结构优化指标采用第三产业产值占区域国内生产总值的比重。

< 198 >

在拓展区表现为显著的很强的正作用，近年来，拓展区利用丰富的文化资源大力发展文化产业，设立文化创意产业示范区和产业园，在规模以上文化创意产业中，拓展区的收入从 2010 年的 4891.3 亿元上升到 2017 年的 12454.0 亿元，增加了 7562.7 亿元，是 2010 年的 2.5 倍。拓展区占据了绝对的比重，保持在 70% 以上，2017 年达到 74.9%。平均增速达 14.3%，超过了四大功能区的平均增速 13.7%。

在新区则表现为显著的很强的负作用，其原因与北京城市发展的战略定位有关。近年来，北京大力实施非首都功能的疏解计划，新区作为中心城区产业和人口疏解的主要承接地，主要发展现代制造业。新区的第二产业增加值从 2008 年的 694.9 亿元上升到 2018 年的 2077.2 亿元，是 2008 年的 3 倍，在四大功能区中的占比更是从 2008 年的 33.7% 提升到 2018 年的 45.4%，增速上遥遥领先，平均增速达 11.6%。

在涵养区表现为显著的正作用。涵养区规模以上文化创意产业的收入从 2010 年的 47.5 亿元上升到 2017 年的 280.1 亿元，增加了 232.6 亿元，是 2010 年的 5.9 倍。涵养区的占比最低，最高的为 2017 年的 1.7%，但比重有所上升。增速上更是遥遥领先，平均增速达 28.9%。

三、文化产业对北京经济结构高级化的分析 [①]

（一）文化产业整体上对产业结构的高级化尚未显现

综合来看，文化产业对促进经济结构高级化的作用还没有完全体现出来，因为经济结构还处于优化阶段。第三产业的比重从 2008 年的 75.4% 上升到 2018 年的 81.0%，因此还有很大的上升空间。

---

① 产业结构高级化指标采用第三产业产值与第二产业产值之比来表示。

< 199 >

（二）文化产业对产业结构的高级化在各功能区有差异

对核心区有显著的非常强的正作用，其原因可能是：核心区的经济结构已经很优化了，2018 年第三产业增加值占比达 93.1%，但产业高级化还有很大的提升空间。核心区有着丰富的历史文化资源，随着非首都功能的疏解，文化产业链中的一些环节向远郊区县的有序转移，通过产业置换，实现产业的高端化、精密化，着力打造"高精尖"的产业结构。

对拓展区有不显著的负作用，其原因可能是：虽然拓展区的文化产业发展很快，但产业链还未有效贯通，还处于产业结构优化阶段。另外，拓展区的第二产业还是有相当大的规模，2018 年为 1530.5 亿元，是 2008 年的1.7 倍，在四大功能区中其占比更是超过了 1/3，2018 年达 33.5%。

对新区有显著的非常强的负作用，其原因可能与功能区的发展定位有关。2018 年，新区第二产业和第三产业占比分别为 41.0% 和 57.6%，产业结构优化的空间还很大，文化产业还未能对产业高级化发挥作用。新区第二产业增加值从 2008 年的 694.9 亿元增加到 2018 年的 2077.2 亿元，11 年间增加了 2 倍，在四大功能区的占比从 2008 年的 33.7% 上升到 2018 年的 45.4%，上升了 11.7 个百分点；新区第三产业增加值从 2008 年的 751.5 亿元增加到2018 年的 2915.8 亿元，11 年间增加了 2.9 倍，在四大功能区的占比从 2008年的 9.7% 上升到 2018 年的 12.7%，上升了 3 个百分点。

对涵养区有不显著的正作用。其原因可能是：虽然文化产业发展迅速，但文化产业结构较为单一，主要是旅游、观光业，产业链较短，无法有效地推动产业结构高级化。另外，涵养区第二产业和第三产业占比分别为 41.9%和 54.2%，产业结构优化的空间还很大。

< 200 >

第十二章
文化产业与经济增长的空间溢出效应

地理学第一定律（Tobler，1970）表明，任何事物与其他的事物之间都是相互关联的，越邻近的事物相关性越强。该定律说明事物间的影响是通过空间交互作用进行传递的，存在着空间依赖性，且依赖性会随着空间单元的距离增加而逐渐衰退。进一步地说，空间依赖是事物在空间上的一种相互联系和相互影响的关系，是事物天然的属性，也是空间上经济活动相互作用的显著特征。对于区域经济发展而言，在一个开放经济的社会中，区域之间必然相互影响，一个区域不可能独立于其他区域进行发展，必然会受到邻近或周边区域的影响。本章对北京四大功能区的、文化产业与经济增长之间的空间溢出效应进行研究。

一、空间溢出效应

以互联网为代表的信息技术和以铁路、飞机为代表的交通方式的更新换代，使信息交流更为方便和频繁，由此带动相关产业要素在地理空间上的移动、交流，从而使得区域间发展方式由原本相对独立、单向的发展转变为区域间的竞争和合作，区域间的依赖关系开始形成并加强。在此过程中，区域产业发展不仅与其自身产业要素禀赋相关，而且也受到邻近区域产业要素和市场环境的影响。当某一厂商生产活动不仅影响自身，还会使其他厂商受益或受损，并且其他厂商无须为此支付额外成本或要求赔偿时，溢出现象就会产生。如果该溢出现象发生在不同区域间，便会产生空间溢出效应。

< 203 >

Myrdal（1957）指出，区域间空间溢出效应是"回流效应"和"扩散效应"的综合结果。"回流效应"指的是发达区域的产业发展会吸引邻近区域生产要素和经济活动向其集聚，使其产业得到更快的发展，造成区域间产业发展的不平衡。"扩散效应"指的是发达区域会向邻近区域输出生产要素和经济活动，从而刺激和推动其产业发展。"回流效应"大于"扩散效应"时，空间溢出效应为负，反之空间溢出效应为正。

二、产业要素作为空间溢出的载体

文化产业集聚的空间溢出效应是以各产业要素为载体发生的。在经济全球化和区域一体化进程中，由于信息、交通等技术的快速发展，产业要素的流动打破了地域界限，同时也极大地减少了产业要素交流合作的成本。具有空间溢出效应的文化产业要素主要有人力资源、资本资源等。人力资源的流动受到就业机会和薪资水平的影响，其自由流动引起的激烈竞争，不仅提高了文化产业从业人员的竞争力，降低了厂商的人才搜寻成本，而且也促进了知识、技术和信息在区域间的流动和集聚。

文化产业的生产过程实际上是将文化产业人力资源的隐性知识物化的过程。该隐性知识包含了附着在文化创意人才身上的想象力和创造力，此类知识不能被语言准确、清楚地表达，而需要文化创意人才聚集在一起讨论和切磋，为其创意寻找出路，这一过程必然会导致知识在文化产业的溢出和集聚。资本资源天然是逐利的，为实现资本的保值增值，会自然流向回报率较高的区域。资本资源的区域性投资可以促使该区域构建从采购、策划，再到生产、营销完整的文化产业价值链，从而吸引更多资本资源集聚，促进该区域文化产业集聚。

< 204 >

三、空间溢出的路径

文化产业空间溢出的形成基础是各区域产业要素禀赋存在差异。文化产业的空间溢出往往随着地理距离由近及远地向外扩散。根据理论及实际，地理距离的拉远和信息交流频率的增加，会加大信息内容的失真概率。文化产业传播、扩散的往往是创意等隐性知识，它需要文化创意人才近距离地沟通和交流，具有较强的空间依赖性，因此文化产业的空间溢出受到地理范围的限制，往往发生在相邻区域。另外，由于运输成本的存在，文化产业厂商为节省人力、物力和财力，往往就近取材，通过区域性集中缩短与其他关联厂商的地理距离。

除了地理距离外，文化产业空间溢出还通过经济距离发生作用。文化产业空间溢出更容易发生在社会经济水平、文化背景、产业要素禀赋相似的区域。这些区域文化产业发展阶段相似，社会经济环境差异较小，对文化产业的知识和认知差距较小，更有利于产业要素的传播和溢出。另外，正是由于认知差距小且吸引产业要素的能力相当，当文化产业空间溢出沿着具有类似发展水平的经济路径进行扩散时，也更容易造成对产业要素的竞争和争夺，由此会造成一定的负空间溢出效应。

四、空间溢出的动力机制

文化产业领先区域作为行业的学习标杆，可以充分发挥其在产品、技术、管理等方面的示范效应，为落后区域提供模仿和学习的机会。落后区域在具体文化产业生产中不断调整和改进，并通过生产合作、技术交流等方式与领先区域发生经济联系，吸引相关产业要素，以此获取正向的空间溢出。

文化产业领先区域还可以通过在落后区域新设厂商或兼并收购等经济活动，对落后区域进行生产技术和管理经验的培训，并将其产业要素随技术和经验一起转移到落后区域，由此形成文化产业从领先区域到落后区域的溢出。

< 205 >

除了上述示范学习作用和培训作用外，区域间文化产业竞争也会随之产生。领先区域不满足于本地市场份额，会凭借其在产品、技术、管理等方面的优势，对落后区域进行产品输出，落后区域的市场结构和竞争格局也会随之改变。当落后区域与领先区域的认知距离较大时，落后区域难以充分吸收领先区域的空间溢出，会使其文化产业更加失去竞争能力（图12-1）。

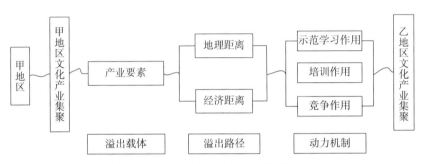

图12-1 文化产业集聚的空间溢出机制

五、北京文化产业与经济增长之间的空间溢出效应分析

（一）文化产业之间基本呈现正的空间溢出效应

从表12-1可知，拓展区、新区和涵养区的文化产业对核心区[①]的文化产业有正作用，但只有拓展区通过了显著性检验；核心区、新区和涵养区的文化产业对拓展区的文化产业有正作用；核心区和拓展区的文化产业对新区的文化产业有正作用，但核心区没有通过显著性检验，涵养区的文化产业对新区的文化产业有负作用；核心区和拓展区的文化产业对涵养区的文化产业有正作用，但核心区没有通过显著性检验，新区的文化产业对涵养区的文化产业有负作用。

---

① 此处表示处于行向地区对处于列向地区的影响。

< 206 >

综上分析，除了新区和涵养区的文化溢出效应为负外，其他功能区之间都呈现正的或者是非显著的正文化溢出效应。而且，空间溢出效应呈现非对称性，经济发达地区对不发达地区的溢出效应要大于经济不发达地区对发达地区的溢出效应。

近年来，随着非首都功能的疏解，文化产业中的一些环节也逐步向远郊区县转移，产生了很强的空间外溢效应。另外，分布在各个功能区的30个市级文化产业集聚区和20个文化创意产业功能区也使得这种空间溢出效应越发明显。

表 12-1　文化产业的空间溢出效应矩阵

	核心区	拓展区	新区	涵养区
核心区		正	正非 ①	正非
拓展区	正		正	强正
新区	正非	正		强负
涵养区	正非	正	负	

（二）文化产业对经济增长基本呈现相反的空间溢出效应

从表 12-2 可知，拓展区和涵养区的文化产业对核心区的经济增长有负空间溢出效应，新区有正空间溢出效应，但涵养区不显著；核心区和涵养区的文化产业对拓展区的经济增长有正空间溢出效应，新区有负空间溢出效应，但涵养区不显著；核心区和拓展区的文化产业对新区的经济增长有负空间溢出效应，涵养区有正空间溢出效应，但不显著；核心区和拓展区的文化产业对涵养区的经济增长有正空间溢出效应，新区有负空间溢出效应。

进一步分析发现，对于拓展区和新区，文化产业对经济增长的空间溢出

---

① "正非"表示回归系数为正，但没有通过显著性检验。

效应为负；对于拓展区和涵养区，文化产业对经济增长的空间溢出效应为正；其他各功能区之间都呈现相反的空间溢出效应。

表 12-2 空间溢出效应矩阵

文化对经济				
	核心区	拓展区	新区	涵养区
核心区		正	负	正
拓展区	负		负	正
新区	正	负		负
涵养区	负非	正非	正非	

（三）经济增长对文化产业基本呈现相反的空间溢出效应

从表 12-3 可知，拓展区和涵养区的经济增长对核心区的文化产业有正空间溢出效应，新区有负空间溢出效应；核心区和新区的经济增长对拓展区的文化产业有负空间溢出效应，涵养区有正空间溢出效应；拓展区和涵养区的经济增长对新区的文化产业有负空间溢出效应，核心区有正空间溢出效应；拓展区和新区的经济增长对涵养区的文化产业有正空间溢出效应，核心区有负空间溢出效应，但都不显著。

进一步分析发现，对于拓展区和新区，经济增长对文化产业的空间溢出效应为负；对于拓展区和涵养区，经济增长对文化产业的空间溢出效应为正；其他各功能区之间都呈现相反的空间溢出效应。

表 12-3 空间溢出效应矩阵

经济对文化				
	核心区	拓展区	新区	涵养区
核心区		强负	强正	负非
拓展区	强正		强负	正非
新区	强负	强负		正非
涵养区	强正	强正	强负	

< 208 >

第十三章

北京文化产业发展策略

由前述章节可知，北京的经济和文化产业发展迅速，文化产业和北京经济增长有着非常密切的关系，文化产业对北京经济增长的作用越来越大，文化产业的发展有利于北京产业结构的优化升级，文化产业之间的空间溢出效应越来越明显。但是，对于四大功能区而言，文化产业在提升人力资本和固定资产投资文化内涵、促进北京产业结构合理化和高级化以及文化产业与经济增长的空间溢出效应等方面还存在差异，甚至是负效应。本章试图从总体思路、基本原则、发展目标、发展策略和保障措施等五个方面，阐述如何使文化产业更好地为北京经济增长服务。

一、总体思路

以非首都功能疏解为主线，以文化产业发展为抓手，着力优化产业结构。各主体功能区依据自身资源禀赋优势，实现特色发展、错位发展和差异化发展，重点发展主导产业，协调推进其他行业发展，完善产业链。大力推进文化创意产业集聚区和功能区建设，集聚文化产业发展要素，发挥其规模效应和空间溢出效应。

二、基本原则

第一，改革推动。深化文化体制改革，加快完善文化管理体制和文化生

< 211 >

产经营机制，健全国有文化资产管理体制，推动建立有文化特色的现代企业制度，完善现代文化市场体系，不断释放产业发展活力。

第二，创新驱动。实施文化创新和科技创新"双轮驱动"战略，把创新作为推动文化科学发展的强大引擎，推动文化发展理念创新、业态创新、模式创新、内容创新、服务创新，依靠创新驱动塑造文化发展新优势。

第三，融合带动。用创意、设计、品牌等文化要素拓展价值、提升内涵，有效提升产业附加值，形成文化创意产业与科技、金融、旅游等相关产业高水平、深层次、宽领域的融合发展格局。

第四，协同联动。推动京津冀文化创意产业一体化发展，形成区域间产业合理分布和上下游联动机制，整合提升资源使用效率，推进要素资源有序流动、文化市场开放互通和全产业链条分工协作。

三、发展目标

产业支柱地位更加巩固，体系更加完善，布局更趋合理，市场竞争力、创新驱动力、文化影响力显著增强，成为支撑首都经济创新发展、构建"高精尖"经济结构的重要引擎，努力把北京建设成为具有国际影响力的文化创新、运营、交易、体验中心和最具活力的文化创意名城。

第一，产业结构优化升级，融合发展内涵更加丰富，高端化、服务化、融合化特征更加明显。"文化+"产业多元融合发展格局初步形成，文化创意产业的关联、带动作用显著增强。

第二，产业布局更趋合理，文化创意产业功能区建设日益深化，使功能区创造文化创意产业收入占全市产业收入的比重进一步提升。产业园区发展质量不断提高，推动全市文化创意产业实现集约发展、特色发展、错位发展。京津冀文化创意产业合作机制进一步完善，区域产业结构和空间布局更加优化，产业一体化发展的格局初步建立。

< 212 >

第三，文化产品和服务更加丰富多彩，推出更多具有自主知识产权的品牌文化产品，打造更多思想性、艺术性、观赏性相统一的精品力作，人民群众多层次、多样化、分众化的文化消费需求得到更大满足。

第四，文化市场主体健康快速发展，培育一批掌握核心技术、拥有原创品牌、具有较强市场竞争力的骨干文化企业和企业集团，发展一批"小而美"文化企业，推进产业主体不断发展壮大，活力和竞争力明显增强。

第五，文化创新能力进一步提高，创新创意氛围更加浓郁，文化创意产业领域技术应用更加广泛，文化生产经营网络化、数字化进程加快，新型业态不断涌现，创新成为产业发展的第一驱动力。

第六，现代文化市场体系更加健全，市场在文化资源配置中的积极作用进一步发挥，产权、人才、信息、技术等文化要素合理流动，文化投融资体系更加完善，金融资本、社会资本与文化资源有效对接。

第七，文化产品和服务出口进一步扩大，国际营销网络渠道更加通畅、产品质量效益明显提高，形成一批北京标志性的文化产品和服务贸易品牌。

四、发展策略

（一）优化文化创意产业发展布局

围绕有序疏解非首都功能，提升中心城区文化创意资源向远郊区和津冀地区辐射带动能力，着力推动文化要素资源有序流动，加快形成分工合理、重点突出、各具特色的文化创意产业空间新格局，进一步推动京津冀区域文化创意产业协同发展。

1. 促进全市文化创意产业差异化、特色化发展

结合各区资源禀赋和比较优势，形成各区梯次演进、有序衔接的发展格

< 213 >

局。核心区着力传承北京城市历史文脉和老字号品牌文化，促进北京历史文化遗产和传统街区风貌的传承与复兴，保护利用好历史文化名城金名片，重点发展文化演艺、文化金融、文化旅游等，服务国际交往中心建设。拓展区着力发挥文化科技资源优势，重点发展软件信息服务业、文化传媒业、动漫网游等以"互联网+"为特征的高精尖产业形态。拓展区是产业发展的主要增量空间，积极承接业态和环节转移，重点发展设计服务、新媒体、文化艺术、影视制作、会展服务等产业。涵养区着力促进京津冀产业协同发展和城乡一体化发展，重点推动音乐产业、影视制作、文化旅游等发展。结合生态服务型沟域经济，在新城和小城镇发展各具特色的精品文化业态，加强历史文化名村的保护与利用，重点发展乡土文化、休闲文化、山水文化和生态文化。

2. 推进重点文化创意产业功能区建设

在实施《北京市文化创意产业功能区建设发展规划（2014—2020年）》的基础上，继续推进文化创意产业功能区建设。加强市级统筹和区域协调，构建形成全市统一、上下联动、多方主体共同参与的功能区建设发展组织运行体系。加强对各功能区的规划引导，进一步明确功能定位、发展目标、发展战略、重点任务。结合功能区特质特性，细化土地、人才、投融资等保障措施，构建完善"共性+个性"政策体系，加快CBD-定福庄国际传媒产业功能区、影视产业功能区怀柔影视基地、新媒体产业功能区、动漫网游及数字内容功能区等重点示范功能区或重点片区建设，通过建立健全体制机制，强化政策和项目引导，完善专业化服务平台，形成政策引导、有序运营、协作支撑的良好发展格局。

3. 加强市级文化创意产业示范园区建设

优化产业园区发展模式，立足文化创意产业质量效益型发展新阶段，好

< 214 >

中选优、优中选强，建设中国出版创意产业园、清华科技园、星光影视园、莱锦文化创意产业园等一批产业特色鲜明、产业链协作良好、服务体系完善、管理运营规范、运营效益明显、示范带动作用较强的市级文化创意产业示范园区，实现典型引路、高端示范，进一步提升文化创意产业发展质量和内涵。加快示范园区建设，支持采取"主园 + 分园"、园区共建等方式，输出先进管理经验和运营模式，增强示范园区的辐射力和影响力，形成"多节点"支撑的发展态势。

4. 推动京津冀区域协同发展

加强产业链上下游和区域分工协作，建设京津冀地区文化产业发展协作区，构建以京津冀区域性中心城市和节点城市为支点，以京津发展轴、京保石发展轴、京唐秦发展轴为主要产业疏解承载带，以京津冀西北部生态涵养区为文化旅游协同发展板块的一体化发展格局。沿京沪、京津高速等京津发展轴的主要通道，有序疏解转移人口聚集较大的文化消费商品市场，加强三地文化产权交易市场的共建；沿京港澳、京昆高速等京保石发展轴的主要通道，引导文化创意产业生产制造环节以及出版印刷等领域的转移；沿京哈高速以及在建的京秦高速等主要通道，推动创意商品、文化装备制造产品从创意设计到生产制作的产业协同；充分发挥京津冀西北部生态涵养区生态系统完整、环境质量较好、水资源丰富的优势，在北京市山区、天津市山区、河北省张（家口）承（德）地区率先推进文化旅游市场一体化，打造京津冀文化休闲旅游新板块。

（二）建设"高精尖"文化创意产业体系

严格执行《北京市文化创意产业发展指导目录》，大力推进产业资源优化整合与引导疏解。加快文化创意产业结构优化、业态创新，大力发展高产

< 215 >

出、高附加值、高辐射的新型业态，突出市场精准化、产品精品化、服务精细化，推动形成发展速度与质量、发展规模与效益相统一的"高精尖"文化创意产业体系。

1. 激发传统行业活力

（1）文化艺术。鼓励精品和原创作品创作生产，重点扶持能够代表北京地域文化特色、具有北京京味文化的剧目创作，成就一批能够体现时代精神、富有艺术内涵，具有广泛社会影响力和票房号召力的驻场演出项目和地域经典文化剧目。鼓励扶持有条件的大型演艺机构充分利用自有资源，兼并关联企业，搭建集演艺演出、场馆经营、体育赛事、休闲旅游于一体的文化艺术经营综合体，建立包括艺术生产、制作、宣传、票务销售和演出场所等在内的全产业链。以剧目演出和制作为核心，培育和引进相关的演艺培训、音像制品、演艺道具和衍生品开发等产业业态。盘活现有文化设施资源，运用北京市剧院运营服务平台，以政府购买服务的方式，实现剧场、院团、优秀剧目资源的有效对接。加快演艺基础设施改造和文艺演出院线建设，安排专项资金用于剧院设施改造和设备更新，加大对小剧场的改造和扶持力度，推动北京剧目排练中心建设。

（2）广播影视。促进广播影视高端化，重点发展广播电视节目策划制作、影视创作、后期制作和发行销售等产业环节。把握正确导向，坚持内容为王，着力推进内容创新，提高原创能力，打造更多思想性、艺术性、观赏性相统一的广播影视精品。全面推进三网融合，快速发展普及移动智能终端，鼓励交互式网络电视、视频点播、手机电视创新型业务应用，面向多平台、多通路，加快依据媒体形态定制节目内容的创作生产，加强内容集成播控平台建设。加快影视产品与智能终端、移动互联网、云影音等媒体的结合，以高清交互式数字电视网络为基础，积极布局下一代广播电视网（NGB）。推进影视制作、发行、播映、存储、监管等环节的全数字化和大数

< 216 >

据化。

（3）新闻出版。加快新闻出版转型升级，重点发展绿色印刷、按需印刷、数字出版等新型业态，逐步淘汰传统印刷行业的高能耗、高污染环节。大力推广全民阅读，重点扶持原创出版精品，完善精品图书指标评价体系，搭建精品图书推广服务平台。加快推进国有出版、发行公司的市场化改革，推动其按照现代企业制度改善企业治理结构，对按规定转制的重要出版企业探索实行管理股制度。在坚持出版权特许经营前提下，鼓励非公企业参与对外出版、网络出版，推动形成以内容为核心的数字出版管理体系，制订涵盖移动互联网等多元化传播路径和阅读终端的数字出版管理政策。

2. 不断壮大优势行业

（1）广告会展。不断推进广告业与新媒体融合，鼓励和支持基于移动互联网、大数据等新技术的数字广告业态发展，努力提升广告设计、创意策划、效果评价等产业链关键环节的发展水平。以创意提升广告品质和文化内涵，摒弃低俗广告。健全广告发布审查体系，打击虚假违法广告。推进会展服务与国际标准接轨，提升会展业精细化服务能力，构建从会展策划、申办、承办、宣传到接待一体化服务通路，形成完整的会展服务产业链。充分利用本市现有场馆资源，吸引一批国际大型展览展示、交易博览、品牌发布、贸易洽谈等商务活动在京举办。加强政府服务，优化会展举办环境，积极支持具有较高国际知名度、品牌效益和国际影响力的会议展览、体育赛事等高端会展和文化品牌活动举办。

（2）艺术品交易。推动具有北京特色的传统工艺美术精品的创作和生产，不断开拓艺术创作领域，丰富艺术品种类和展现形式。提升一级市场发展水平，加强艺术品市场管理，支持画廊、艺术品专营店、文化艺术中心等发展，建立起畅通的艺术作品展示与交易的价值链。完善集艺术品评估、鉴定、拍卖、展示、保险等服务于一体的艺术品交易全产业链。健全艺术品交

< 217 >

易信用体系，建立艺术品交易信息的标准化登记和认证制度。鼓励艺术品交易模式创新，推进交易和拍卖环节线上线下一体化发展。

（3）设计服务。鼓励行业促进机构、文化创意产业园区、行业协会等单位搭建创意设计公共服务平台，支持有条件的龙头骨干企业建立设计创新中心，为设计创新提供仪器设备、科学数据、软件程序、检验检测、快速制造等全流程服务，促进科技成果通过设计实现转化和产业化。加强中国设计交易市场建设，建立设计资源共享平台，鼓励建立设计产业创新联盟。深入实施首都设计提升计划，通过"设计+"在高端装备制造、电子信息、新能源汽车、生物医药、航空航天等重点领域，推出一批设计提升产业的示范项目。建立创意设计高校教育实训基地，加强创意设计学科建设，推动创意设计理论教育和实践培训相结合。深入实施首都设计提升计划，推出"北京设计"百强企业，依托龙头企业加快培育一批国际知名的设计机构，支持中小微设计企业做专做精，形成一批"北京创意""北京设计"的品牌和示范性项目。办好中国设计红星奖、北京国际设计周等品牌活动，扩大北京设计之都影响力。

（三）深入推进文化创意产业融合发展

落实《北京市推进文化创意和设计服务与相关产业融合发展行动计划（2015—2020年）》，更好适应文化创意和设计服务在经济社会各领域各行业呈现出的多向交互融合发展态势，加快构建"高精尖"经济结构。

1. 促进文化与科技融合发展

推动传统文化创意产业科技应用与升级，依托云计算、大数据、物联网、虚拟现实等最新科技成果，推动传统媒体和新媒体融合发展，大力发展和培育动漫游戏、3D打印、移动多媒体、网络电视、虚拟会展、艺术品网

< 218 >

络交易等文化科技融合新业态，开发文化科技融合衍生产品和服务，不断完善产业链条。构建文化科技融合承载体系，加快建设中关村国家级文化和科技融合示范基地，支持文化科技园、文化科技企业孵化器、众创空间建设，实施一批文化科技融合重大项目。推动调整文化类高新技术企业认定标准，扩大"核心自主知识产权"和"研究开发活动"认定范围，引导文化企业围绕产业发展需要加强研发投入，抢占文化科技制高点。鼓励文化企业、科技企业、社会组织搭建各类文化科技服务平台，提供专业服务。

2. 促进文化与金融融合发展

完善首都文化创意产业投融资服务体系建设，充分发挥市文化投资发展集团的投融资平台功能。申报建设文化金融合作试验区，探索具有首都特色的文化金融合作新模式，搭建文化创意产业发展的金融支撑平台。引导和鼓励银行、保险等金融机构研发符合文化创意产业发展需要的产品与服务，发展电影完片担保、众筹等新产品、新模式。鼓励文化企业采用短期融资券、中期票据、集合债券等拓宽融资渠道，优化融资结构。支持文化企业在主板、创业板、新三板等多层次资本市场挂牌上市，推进形成"北京文化"板块。

3. 促进"互联网+"文化创意新业态发展

利用互联网打造文化创意生态系统，整合创意、硬件、软件、资本等要素，实现文化生产力的提速换挡。利用互联网整合提升文化创意产业平台经济，引导移动支付、个性化定制等新的消费潮流。鼓励众筹等模式的创新，支撑艺术创作、影视制作等传统文化创意产业发展。鼓励发展大数据等精准服务类文化创意产业，通过数字化平台为企业和用户提供精准信息服务，提升智慧服务的能力和水平。依托互联网，采用授权代理、独立运营、联合运营等形式，把在地研发和跨境服务结合起来，推动对外文化贸易创新发展。

< 219 >

4. 促进文化与相关产业融合发展

围绕"文化+"，充分发挥文化引领作用，推动文化与旅游、体育、商务、农业、制造业等行业的双向融合，积极培育文化融合新业态。充分挖掘首都历史文化资源，赋予旅游产业更多文化内涵。开发利用体育设施为举办会展、演出、赛事等提供支撑，促进文化体育服务和产品创新。推动文化与商务全面对接，加快构建新型文化产品服务流通网络，培育首都现代文化商贸服务体系。推动文化创意和设计服务与高端制造业、建筑业、商业服务业、信息业、旅游业、农业和体育业等重点领域融合发展，实现"北京制造"向"北京创造"转变。提高农业领域的创意和设计水平，推动创意农业、都市休闲农业发展。

（四）积极培育文化市场主体

1. 培育和壮大国有骨干文化企业

贯彻落实中办、国办印发的《关于推动国有文化企业把社会效益放在首位、实现社会效益和经济效益相统一的指导意见》，做强做优国有骨干文化企业，着力提高规模化集约化专业化水平，放大国有资本功能，使国有文化企业成为文化市场的主导力量和重要支撑。加快推动国有文化企业改革，建立有文化特色的现代企业制度，健全确保把社会效益放在首位、实现社会效益和经济效益相统一的体制机制。加快推进国有文化企业公司制股份制改造，积极探索建立混合所有制文化企业。探索国有文化企业分类监管，支持公益类文化企业承担更多社会职责，鼓励竞争类文化企业积极参与市场竞争，推动骨干文化企业跨地区、跨行业、跨所有制兼并重组，加快培育文投集团、歌华传媒集团、新媒体集团等一批核心竞争力强的国有或国有控股骨干文化企业，努力成为文化市场的主导力量和文化产业的战略投资者。

< 220 >

2. 支持非公有制和中小文化企业发展

抓好产业综合服务，搭建全方位的服务平台，支持民营领军文化企业进一步壮大。营造创新创业氛围，推动"大众创业、万众创新"。积极争取将中关村国家自主创新示范区的相关优惠政策引入中小微文化企业。贯彻落实鼓励和引导民间资本进入文化领域的政策，简化文化市场行政审批流程，鼓励社会资本投资、兴办小微文化企业，引导民间资本参与重大文化项目和文化设施建设。引导小微文化企业走"专、精、特、新"和与大企业协作配套发展的道路，在开展特色经营、创新产品特色和服务、提升原创水平和科技含量等方面形成竞争优势。实施"借力"工程，继续支持孵化器、文化创意产业园等小微文化企业服务平台建设，鼓励发展互联网创业平台、交易平台、创客空间等新兴创业载体，从企业注册、场地租赁、创业指导和技术研发、金融支持、商业配套等方面，为小微文化企业提供分类支持与服务。鼓励和引导文化企业运用本市区域性股权市场、新三板市场登记托管、展示、融资。

（五）健全现代文化市场体系

进一步发挥市场在文化资源配置中的积极作用，统筹央地资源，统筹国有民营资源，扩大有效供给，加速形成资本、人才、版权等各类要素高效配置、竞相涌流的生动局面。健全多层次文化产品市场，通过连锁经营、物流配送、电子商务等现代流通组织和流通形式，重点发展图书报刊、演出娱乐、影视动漫等产品市场。充分利用北京市文化产权交易中心、剧本推介交易平台等，引导各类文化产权交易平台、艺术品交易平台、版权交易平台规范健康发展，促进各类平台之间资源共享和合作发展，引导文化要素合理、有序流动。完善产权市场支撑体系，建立健全文化无形资产评估办法，引导文化企业加强文化产权管理和运营，鼓励其依法进行股权、版权、商标、品牌等方面的交易。积极发展版权代理、文化经纪、评估鉴定、技术交易、推

< 221 >

介咨询、投资保险、担保拍卖等各类文化市场中介服务机构，支持建立相关产业联盟，推动建立相关行业标准和行业自律标准，制定和完善文化中介机构管理办法，引导其规范运作。完善产业沙龙等决策支撑机制，发挥各类社会中介组织决策咨询作用，搭建产业智库平台。

（六）大力促进文化消费

落实《北京市人民政府关于促进文化消费的意见》，培育文化消费理念，积极引导健康向上的文化消费，加强文化消费供给，不断丰富文化消费业态，发挥文化消费对经济增长的拉动作用。通过政府购买服务、消费补贴等途径，鼓励文化企业优化文化产品供给结构，引导文化企业围绕内容创意、核心产品、衍生产品等环节延伸产业链条，支持文化设施运营单位与文化创作、服务机构合作提供"一站式"文化服务，建立充分满足居民个性化、多样化需求的文化消费供给体系。创新服务消费模式，深入推动文化消费与信息消费融合，加快推进文化产品和服务生产、传播、消费的数字化、网络化进程，培育新的文化消费业态。继续办好北京惠民文化消费季，发挥北京文化惠民卡的作用，营造良好的文化消费氛围，引导消费者树立科学、合理、健康的文化消费理念。引导大型商业购物中心、宾馆饭店、体育设施等引入特色文化资源，打造一批商业服务与休闲文化高度融合的综合消费场所。

（七）扩大对外文化贸易规模

落实《北京市关于加快发展对外文化贸易的实施意见》，加快建设一批文化产品和服务出口交易平台，推动文化企业在更大范围、更广领域和更高层次上参与国际文化合作和竞争，把更多具有北京特色、中国风格的文化产品推向世界。充分发挥国家对外文化贸易基地、北京影视译制基地等平台作

< 222 >

用，提升中国（北京）国际服务贸易交易会、中国北京国际文化创意产业博览会、北京国际电影节、北京国际图书节、北京国际设计周、中国艺术品产业博览会等大型文化交易平台功能，发挥北京高端专业展会对扩大对外文化贸易的积极作用。培育外向型文化企业，支持有针对性地开发适销对路的文化产品和服务，积极拓展文化出口渠道，通过新设、收购、合作等方式，在境外开展文化领域投资合作。积极组织企业申报《国家文化出口重点企业目录》和《国家文化出口重点项目目录》，在市场开拓、技术创新、海关通关、金融服务等方面创造条件，加大对入选企业和项目的扶持力度。

五、保障措施

（一）加强统筹指导

发挥好北京市文化改革和发展领导小组的统筹协调作用，建立市级部门之间、市区两级政府之间的协调机制，明确任务分工，推动重大项目建设、产业政策落地，共同研究解决重大问题，形成合力，确保有序推进落实。发挥政府的引导作用，强化各项措施对产业发展的引领功能。加强对措施实施的监测评估，结合实施情况及时做好政策调节和配套服务，提高各项措施实施效率。

（二）深化文化体制改革

建立健全党委领导、政府管理、行业自律、社会监督、企事业单位依法运营的文化管理体制。探索建立党委和政府监管有机结合、宣传部门有效主导的管理模式，推动实现管人管事管资产管导向相统一。按照分类监管的要求，完善监管专项制度，以管控资本投向、优化资本结构、规范资本运作、

< 223 >

提高资本使用效率和效益为重点，形成国有文化资产监管制度体系。完善国有文化企业党委领导与法人治理相结合的管理体制，健全文化企业社会效益优先，社会效益与经济效益相统一的综合考核体系。探索公益性事业单位管理模式，开展事业单位法人治理结构试点，推动文化事业单位形成良好运行机制。

（三）加大财税支持

发挥财政资金的引导和撬动作用，充分利用文化产业专项资金，更多采用股权投资、基金、担保、贷款贴息、补助和奖励等间接方式，支持市级文化创意产业集聚区和功能区，以及国家和本市重大文化创意产业项目建设，同时积极引入市场化运作模式，推动文化金融深度融合发展。对以股权、基金投入方式形成的权益类资产，切实加强监督管理。建立完善政府引导、市场主导的文化资金长效投入机制，吸引社会资本广泛参与首都文化建设，进一步激发全社会文化创造活力。

参照中关村国家自主创新示范区做法，积极争取出台集聚区和功能区税收优惠试点政策。在规定期限内，对由经营性文化事业单位转制为企业的，免征企业所得税。对从事文化产业支撑技术等领域的文化企业，按国家规定认定为高新技术企业的，减按15%的税率征收企业所得税。对文化创意和设计服务企业发生的职工教育经费支出，不超过工资薪金总额8%的部分，准予在计算应纳税所得额时扣除。企业发生的符合条件的创意和设计费用，执行税前加计扣除政策。由财政部门拨付事业经费的经营性文化事业单位转制为企业，对其自用房产在规定期限内免征房产税。积极研究制定功能区内符合国家相关政策的文化创意企业行政事业性收费减免措施，进一步降低企业水、电、气等运营成本。

鼓励功能区企业出口产品和服务，落实"对国家重点鼓励的文化产品出

< 224 >

口实行增值税零税率。对国家重点鼓励的文化服务出口实行营业税免税。结合营业税改征增值税改革试点，逐步将文化服务行业纳入'营改增'试点范围，对纳入增值税征收范围的文化服务出口实行增值税零税率或免税"的相关规定，对出口文化产品和服务成绩突出的企业进行奖励。鼓励功能区文化创意企业为承担国家鼓励类文化产业项目进口国内不能生产的自用设备及配套件、备件，在政策规定范围和期限内，免征进口关税。

（四）金融支持保障

充分发挥首都金融机构总部优势，建立完善文化投融资体制机制，促进文化金融融合发展。积极建立健全文化创意产业的无形资产评估体系和信用评级制度，鼓励银行、信贷和担保机构建立专门服务文化创意产业的专营机构、特色支行和文化金融专业服务团队，不断创新金融产品和服务。鼓励增加版权质押、股权融资、信用担保、融资租赁贷款、应收账款质押融资、产业链融资等多种促进功能区文化创意企业发展的融资品种，重点拓展贷款抵（质）押物的范围，完善无形资产和收益权抵（质）押权登记公示制度，探索开展无形资产质押和收益权抵（质）押贷款等业务，进一步缓解文化企业、文化项目融资难题。鼓励文化创意企业通过并购重组、上市融资等方式，利用资本市场做强做大。优先安排符合条件的文化创意企业发行公司债、企业债、集合信托和集合债、中小企业私募债等非金融企业债务融资工具。率先探索金融机构选择重点文化创意产业项目贷款开展信贷资产证券化试点。探索建立社会资本投资的风险补偿机制，鼓励各类担保机构提供融资担保和再担保服务。鼓励保险公司加大创新型文化创意保险产品开发力度，提升保险服务水平。

加强国有文化创意产业投资基金对社会资本的引导作用，积极培育文化创意产业的战略投资者，引导私募股权投资基金、创业投资基金及各类投资

< 225 >

机构加大对文化创意产业核心领域、文化创意新兴业态的投资力度。充分利用北京文化产权交易中心、中国（北京）国际服务贸易交易会、中国北京国际文化创意产业博览会及相关专业性展会、交易会等平台，促进文化创意产品和服务交易。

加大金融支持文化消费的力度。探索开展艺术品、工艺品资产托管，鼓励发展文化消费信贷。鼓励文化类电子商务平台与互联网金融相结合，促进文化领域的信息消费。加强金融机构和支付结算系统建设，完善第三方支付机构网点建设和运营环境建设，完善银行卡刷卡消费环境，提升文化消费便利水平。

（五）建设用地保障

在北京城市总体规划和土地利用总体规划的指导下，基于土地节约集约利用的原则，重点保障集聚区和功能区内文化创意产业用地，优先安排文化创意产业重大项目用地计划指标。鼓励文化创意企业参与旧城、旧工业区和城郊地区的产业升级改造，积极盘活存量土地资源，探索利用工业用地和集体建设用地发展文化创意产业的新模式。支持以划拨方式取得土地的单位利用存量房产、原有土地兴办文化创意和设计服务，在符合城乡规划前提下土地用途和使用权人可暂不变更，连续经营一年以上，符合划拨用地目录的，可按划拨用地办理用地手续，不符合划拨用地目录的，可采取协议出让方式办理用地手续。鼓励通过发展文化创意产业推动新城建设，对于能够带动区县和功能区发展的文化创意产业重大项目，建立绿色通道，优先安排。严格监督文化创意产业建设用地的开发管理，坚决禁止借文化之名进行房地产开发。

明确工业用地变更为文化创意产业用地的途径和政策措施，探索在北京城市建设用地分类中增加文化创意产业用地分类，并在修改城市总体规划

< 226 >

时，将文化创意产业建设用地纳入城市空间专项规划。

（六）强化人才支撑

结合"高精尖"文化创意产业发展需要，持续加大文化创意人才培养力度，鼓励高等院校对接文化企业人才需求，完善培养方案，增设文化创意产业相关课程，为文化企业培养专业型人才。联合科研院所和文化企业共建人才实训实习基地，推进与海外高校和培训机构的交流与合作，重点培养一批文化创意领军人才、高层次文化经营管理人才、文化金融融合的资本型人才、文化科技融合的创新型人才，以及熟悉国际文化产业和贸易规则的外向型人才。

创新人才引进机制，对接落实北京市各项人才引进和扶持政策，健全海外高层次文化创意人才引进体系，深入实施中央"千人计划""万人计划"和"北京海外人才聚集工程"，实施文化名家工程、"四个一批"人才工程、"百人工程"等重点人才工程，吸引文化领军人物、文化资本运营人才、文化科技创新人才等在京创新创业。

建立健全人才引进、培养、任用、考核、评价和激励等制度，在居住证、落户、住房保障和子女教育等方面予以倾斜。推进职业技能鉴定和职称评定工作，建立文化创意人才信息资源库和综合保障服务平台。完善政府部门、用人单位及社会等各类奖励互为补充的多层次文化创意人才奖励体系，对各类人才的创作活动、学习深造、国际交流等进行奖励和资助。按照国家有关规定，进一步落实国有企业、院所转制企业、职业院校、普通本科高校和科研院所创办企业的股权激励政策，鼓励各类人才以知识产权、无形资产、技术要素等作为股份参与企业利润分配。

< 227 >

（七）健全知识产权保护和运用机制

深入实施首都知识产权战略，加快完善文化创意产业知识产权服务保护体系，引导文化企业提升知识产权综合能力。搭建知识产权和版权服务平台，加强知识产权和版权交易登记备案。加大知识产权侵权整治力度，积极开展知识产权执法专项行动，保障创意主体合法权益。鼓励文化企业加大创作力量和研发投入力度，创造出更多的核心专利、知名品牌、版权精品，提高知识产权的创造能力。鼓励文化企业加强对创意作品及形象的专利申请、商标注册、软件著作权登记等工作。引导文化企业科学运用知识产权，开展全产业链经营，推动企业在并购、股权流转、对外投资等活动中加强知识产权资产管理，提升企业竞争力。完善与中小微文化企业相关的知识产权质押登记管理办法。调动文化创意产业社会组织的积极性，探索组建面向全市文化企业及科技企业的统一知识产权公共服务平台，引导和支持知识产权服务机构为文化企业提供知识产权委托管理服务，强化北京知识产权法院开展知识产权民事和行政审判的功能，建立企业、社会组织、政府三方协调的知识产权保护新机制。

（八）对外合作保障

紧紧抓住设计之都建设机遇，发挥北京市文化创意产业优势，推进北京国际交往中心建设和北京市文化创意产业的国际化步伐。鼓励集聚区和功能区以及相关行业协会积极与国内外文化产业园区、相关机构开展合作，搭建产品服务贸易中介平台，举办投资贸易推介活动，承办国际文化节等活动，参加国内外相关文化节会。

积极推动国际化要素向集聚区和功能区集聚，进一步提升企业参与国际竞争的能力。以集聚区和功能区为载体，加强与国内外创意城市、国家和地

< 228 >

区间的合作交流，重点推进创意设计和相关行业在产业联动、版权保护、风险投资、人才培养、机制创新等方面的国际合作，加快吸引国内外知名设计和相关产业的企业、组织、大师、工作室在集聚区和功能区内设立总部或分支机构，鼓励区内文化创意企业积极参与国际分工，承接国际文化创意类外包业务。鼓励区内具有国际竞争力的文化创意企业加大对外投资，通过独资、合资、控股、参股等多种形式，在国外兴办文化创意企业，收购国际知名文化创意品牌。鼓励区内行业组织、中介组织和企业参与制定国家、国际标准，推动区内自主标准国际化。逐步建立以北京为重要节点的全球文化创意产品和服务体系。

（九）公共服务保障

进一步加强公共服务体系建设，提升政府公共服务水平，营造良好的投资发展环境，涵养激发创意、创新的产业生态。着力完善行政审批服务平台，常设文化创意绿色通道，为企业或个人提供包括项目立项、工商、税务、知识产权保护等在内的"一站式"服务，实行重大项目审批全程代办制度。

在充分利用和整合现有的公共技术、企业信用、企业孵化等平台资源基础上，进一步加快公共技术服务平台、企业公共服务平台以及中小企业孵化器建设，为文化创意企业构建开放、快捷、专业的产业公共服务体系。

构建基于产业基地和大企业的公共技术服务平台，包括资源数据库、素材库、模块库、工具库、软件构件库、源代码共享库、公共开发平台、质量管理和控制平台以及公共评测平台等资源平台，为企业提供信息咨询、技术咨询、技术测试等技术支撑服务，帮助企业提高技术开发能力，降低开发成本，提高自主创新能力。建设和完善覆盖全市的企业公共服务平台，即产业信息服务平台、产业金融服务平台、企业信用平台、产业品牌和市场推广平

< 229 >

台、创意产品成果展示和交易平台、版权评估中心、文化创意设计培训和辅导中心等，为企业发展营造良好的产业生态环境。

构建文化创意企业孵化器服务体系，降低创业门槛、创业成本和风险，提高在孵企业创业成功率。为在孵企业提供包括物业、财务、行政和管理、政策咨询、人才培训、专业技能、投融资、市场营销等专业孵化服务，提高专业化服务能力，增强专业资源集成能力。加快发展文化经纪、文物及艺术品评估鉴定、技术交易、推介咨询、担保拍卖、组织策划等中介服务机构，引导其规范运作。围绕知识产权代理、技术研发、信息提供、信用担保、法律咨询等环节，健全社会化、市场化的中介服务体系。积极支持各类文化经纪人和经纪执业人员开展业务。支持建立文化创意领域的行业协会，发挥协会在行业自律市场规范、信息交流、咨询评估、市场调查、知识产权保护、政策研究等方面的作用，规范行业行为，提高行业自律，避免不正当竞争，维护共同利益，促进产业的健康发展。

< 230 >

参考文献

［1］北京市民政局：《北京市行政区划》，中国社会出版社 2003 年版。

［2］北京市统计局：《北京统计年鉴 2021》，中国统计出版社 2021 年版。

［3］北京市人民政府官网。

［4］《北京统计年鉴 2021》。

［5］尹钧科：《略论地理环境对北京历史的影响》，《北京历史与现实研究学术研讨会论文集》1989 年版，第 195—223 页。

［6］李淑兰：《地理环境与北京历史发展》，《首都师范大学学报》（社会科学版）1996 年第 4 期。

［7］中国医师协会：《医疗是第一民生行业需大家共同支持》，https://www.sohu.com/a/122986967_101096，2016–12–30。

［8］马荣欣、问闻：《北京医疗行业网络安全特点与标准研究》。

［9］朱小皖：《北京医疗卫生改革与发展现状分析》。

［10］王晓慧：《论新时代北京全国文化中心建设》，《中国名城》2022 年第 2 期。

［11］孙康林：《新中国成立后北京体育事业的发展历程》，《北京党史》2005 年第 5 期。

［12］董克用、沈国权：《党指引下的我国社会保障制度百年变迁》，《行政管理改革》2021 年第 5 期。

［13］北京市统计局国家统计局北京调查总队：《北京市 2021 年国民经济和社会发展统计公报》，《北京日报》2022 年 3 月 2 日。

［14］北京市统计局：《北京统计年鉴》，中国统计出版社 2021 年版。

［15］北京市统计局：《北京统计年鉴》，中国统计出版社 2020 年版。

［16］中国民航局：《2019 年民航机场生产统计公报》，http://www.caac.gov.cn/XXGK/XXGK/TJSJ/202003/t20200309_201358.html，2020–03–09。

［17］中国民航局：《2020 年民航机场生产统计公报》，http://www.caac.gov.cn/XXGK/XXGK/TJSJ/202104/t20210409_207119.html，2021–04–09。

［18］中国民航局：《2021 年民航机场生产统计公报》，http://www.caac.gov.cn/XXGK/XXGK/TJSJ/202203/t20220322_212478.html，2022–03–22/2022–03–22.

［19］2020 年 9 月 22 日，习近平在教育文化卫生体育领域专家代表座谈会上的讲话。

［20］2014 年 10 月 15 日，习近平在文艺工作座谈会上的讲话。

［21］李菁、李梓轶、陈妮：《探析首都世界文化遗产文创开发现状——以故宫、天坛、颐和园为例》，《旅游与摄影》2022 年第 9 期。

［22］冯莹：《北京胡同文化研究》，《艺术研究》2013 年第 2 期。

［23］吴焕加：《也说北京四合院》，《世界建筑》2004 年第 7 期。

［24］罗哲文：《北京历史文化》，北京大学出版社 2004 年版。

［25］徐杜鑫、翟光宇：《京剧产业的创新商业模式发展研究》，《商展经济》2022 年第 11 期。

［26］吴承忠：《明清北京戏剧文化的分异、整合与扩散历程》，《河北工程大学学报》（社会科学版）2013 年第 30 期。

［27］任晟姝：《“戏”说七十载岁月峥嵘——新中国 70 年戏剧发展回

< 232 >

眸》,《齐鲁艺苑》2019 年第 6 期。

[28]邹红、姚思彧:《北京话剧生态的发展演变》,《北京文化发展报告》（2008—2009 年）。

[29]朱虹:《发挥广播影视龙头作用，发展北京文化创意产业》,《有线电视技术》2008 年第 4 期。

[30]陈星彤:《新媒体时代民营剧团发展思路研究——以开心麻花剧团为例》,《科技传播》2022 年第 7 期。

[31]王子旭、马众:《北京宗教文化产业发展现状与对策研究》,《"决策论坛——决策科学化与民主化学术研讨会"论文集（下）》,[出版者不详],2017 年版。

[32]央视新闻:《北京：到 2025 年义务教育就近入学比例超过 99%》,http://m.news.cctv.com/2021/10/05/ARTItIestyb742vZiY7Y3V wp211005.shtml,2021-10-05。

[33]中国日报:《北京市切实推进义务教育优质均衡发展》,https://bj.chinadaily.com.cn/a/201911/29/WS5de1010ba31099 ab995eed59.html,2019-11-29。

[34]高莹:《着力构建高质量教育体系》,http://www.cssn.cn/zx/bwyc/202205/t20220526_5409841.shtml,2022-05-26。

[35]《关于北京市"十四五"时期我市教育改革和发展规划的调研报告》,http://www.bjrd.gov.cn/rdzl/rdllysjhk/202003q/202003ztgz/202101/t20210111_2211215.html,2021-01-11。

[36]赵新亮:《"十三五"回顾系列——首都高等教育规模与结构》,《北京教育（高教）》2020 年第 8 期。

[37]高志民:人民政协网:北京教育蓝皮书:《北京教育发展研究报告（2021—2022）》指出——七项创新举措促进北京高等教育的高质量发展,2022-6-01.https://www.pishu.cn/zxzx/mtjj/582065.shtml.

< 233 >

［38］王欢：《产教融合背景下职业教育专业建设对策研究——基于北京市 40 所职业院校产教融合现状的调查》，《职业技术教育》2020 年第 41 期。

［39］《北京城市总体规划（2016 年—2035 年）》。

［40］北京 3000 年发展史各区县来历身为北京人不知道的事（图），https://www.sohu.com/a/69976035_362122。

［41］北京建置概述，北京地方志。

［42］北京地形地貌及汛期特点，http://www.weather.com.cn/beijing/sygdt/06/1898262.shtml。

［43］中华人民共和国首都，http://www.gov.cn/guoqing/2005-05/24/content_2615214.htm。

［44］北京自然资源概况，http://www.china.com.cn/aboutchina/zhuanti/09dfgl/2009-03/07/content_17399005.htm。

［45］北京市政府：《北京市 2019 年国民经济和社会发展统计公报》。

［46］胡文娟：《新疆文化产业发展对经济增长影响的实证研究》，新疆大学学位论文，2015 年。

［47］吴存东、吴琼：《文化创意产业概论》，中国经济出版社 2010 年版。

［48］冯子标、王建功：《文化产品、文化产业与经济发展的关系》，《山西师大学报》2008 年第 2 期。

［49］何娴丽：《文化产业对经济影响的实证分析》，广西师范大学学位论文，2016 年。

［50］梅健：《辽宁省文化产业发展对经济增长的影响研究》，沈阳理工大学学位论文，2017 年。

［51］祁述裕：《中国文化产业国际竞争力报告》，社会科学文献出版社 2014 年版。

［52］梁军：《产业结构演进与山东经济增长》，《山东财政学院学报》2008 年第 6 期。

< 234 >

［53］徐建霞：《深化我国文化体制改革的思考》，内蒙古大学，2012 年。

［54］成学真、李玉：《文化产业发展对经济增长影响的实证研究》，《统计与决策》2013 年第 3 期。

［55］［英］吉姆·麦圭根：《重新思考文化政策》，何道宽译，中国人大出版社 2010 年版。

［56］田佳卉：《中美文化产业竞争力研究》，沈阳工业大学，2010 年。

［57］刘珊：《文化产业发展促进区域经济发展方式转变的作用机制及实证研究》，江西财经大学，2015 年。

［58］刘冠军：《我国转型期文化创意产业与经济发展互动机理研究》，西南财经大学，2013 年。

［59］程利杰：《产业要素、空间溢出与文化产业集聚》，南京大学，2016 年。

［60］《北京市"十三五"时期文化创意产业发展规划》。

［61］《北京市推进文化创意和设计服务与相关产业融合发展行动计划（2015—2020 年）》。

［62］施卫东、卫晓星：《我国文化产业对经济增长的影响路径——基于 PLS 模型的验证》，《经济管理》2013 年第 5 期。

［63］《北京市文化创意产业功能区建设发展规划（2014—2020 年）》。

［64］《北京市文化创意产业提升规划（2014—2020 年）》。

［65］《北京市主体功能区建设发展规划》。

［66］《北京市文化创意产业分类标准》。

［67］邵慧琳：《江西省城市化、经济发展与生态环境耦合协调发展研究》，江西财经大学，2020 年。

［68］王雪：《京津冀文化产业协同发展测度及影响因素研究》，河北大学，2020 年。

附录 1

本部分显示的是文化产业对北京经济增长的影响的回归结果。

1. 本部分从全样本和四个功能区两方面研究文化产业对北京经济增长的影响，建立了模型 1，结果如表 1 所示。

表 1　模型 1 回归结果

变量	全样本	核心区	拓展区	新区	涵养区
	模型 1	模型 1	模型 1	模型 1	模型 1
C	0.55	0.79	0.77	1.54	0.48
LNWH	0.10***	0.30*	0.33***	0.26***	0.02
LNJY	0.60***	0.13	0.70***	0.33*	0.67***
LNTZ	0.03	0.02	−0.11*	0.03	−0.02
LNWS	0	0.02*	−0.02	0.04*	0
LNDK	0.44***	0.47***	0.43***	0.41***	0.43***
LNCZ	0.12***	0.11	−0.03	0.14**	0.27***
调整的 R^2	0.99	0.99	1	0.96	0.97

注：*、*** 分别表示在 10% 和 1% 的显著性水平下显著。

< 237 >

2. 为了研究文化产业通过就业人数和固定资产投资对经济增长的影响，在模型 1 的基础上加入文化产业与就业人数、文化产业与固定资产投资的交互项形成模型 2。实证结果如表 2 所示。

表 2　模型 2 回归结果

变量	全样本	核心区	拓展区	新区	涵养区
	模型 2	模型 2	模型 2	模型 2	模型 2
C	0.6	0.08	2.23	−0.31	0.44
LNWH	0.14***	1.23	−0.16	0.44	0.14
LNJY	0.51***	−1.48**	0.35	1.16***	0.71***
LNTZ	0.08**	1.28	−0.18	−0.11	−0.04
LNWS	0	0.03**	−0.01	0.03*	0
LNDK	0.43***	0.44***	0.48***	0.45***	0.44***
LNCZ	0.11***	0.05	0	0.10*	0.27***
LNWH × LNJY	0.04*	0.27**	0.05	−0.61***	−0.07
LNWH × LNTZ	−0.03*	−0.33	0.03	0.28***	0.01
调整的 R^2	0.99	0.99	1	0.97	0.97

注：*、**、*** 分别表示在 10%、5% 和 1% 的显著性水平下显著。

< 238 >

附录 2

本部分显示的是文化产业对经济结构的影响的回归结果，结果如表 3 和表 4 所示。

表 3 经济结构优化的回归结果

Y3B	全样本	核心区	拓展区	新区	涵养区
C	0.48	0.90	0.31	0.51	0.38
WHB	2.28***	1.08	11.82**	−14.38*	1.75***
TZB	−0.05**	−0.19**	−0.13	−0.03	−0.06***
WSB	0.18	0.14	0.96	0.33	−0.16
DKB	0.08***	0.03	0.10***	0.07*	0.11***
CZB	0.03	−0.93*	0.06	−0.03	0.07**
调整的 R^2	0.94	0.58	0.80	0.67	0.85

注：*、**、*** 分别表示在 10%、5% 和 1% 的显著性水平下显著。

表 4 经济结构高级化的回归结果

TS	全样本	核心区	拓展区	新区	涵养区
C	2.36	7.90	7.21	1.26	0.92
WHB	11.25	334.11**	−9.46	−89.46***	3.11
TZB	−1.66***	−35.39***	−12.33***	−0.14	−0.42***

< 239 >

续表

TS	全样本	核心区	拓展区	新区	涵养区
WSB	3.95	9.62	25.25**	2.17	0.43
DKB	1.40***	1.42	1.41**	0.28*	0.53***
CZB	1.25	−45.72	2.87	0.03	0.34**
调整的 R^2	0.95	0.95	0.90	0.71	0.94

注：*、**、*** 分别表示在 10%、5% 和 1% 的显著性水平下显著。

< 240 >

附录 3

本部分显示的是文化产业与北京经济增长的空间溢出效应的回归结果。

1. 文化产业之间的空间溢出效应

本部分以某一功能区的文化产业为因变量，其他三个功能区的文化产业为自变量，结果如表 5 所示。

表 5　各功能区文化产业之间的空间溢出效应

	LNWHHX	t 值	LNWHTZ	t 值	LNWHXQ	t 值	LNWHHY	t 值
C	0.78	1.08	1.73***	3.29	−4.21***	−9.16	−13.45***	−15.27
LNWHHX			0.54***	3.07	0.43	1.51	1.04	1.21
LNWHTZ	0.65***	3.10			0.92***	3.38	3.20***	3.89
LNWHXQ	0.16	0.81	0.37**	2.50			−3.12***	−6.60
LNWHHY	0.08	1.20	0.12**	2.57	−0.31***	−6.57		

注：**、*** 分别表示在 5% 和 1% 的显著性水平下显著。

2. 文化产业对经济增长的空间溢出效应

本部分以某一功能区的经济增长为因变量，其他功能区的经济增长、文化产业为自变量，利用联立方程模型研究四大功能区的文化产业对经济增长

< 241 >

的空间溢出效应，结果如表6所示。

表6　文化产业对经济增长的空间溢出效应

	LNYHX	t 值	LNYTZ	t 值	LNYXQ	t 值	LNYHY	t 值
C	1.52***	9.70	−2.62***	−5.34	3.96***	10.70	−1.81***	−17.43
LNYHX			1.85***	11.97	−2.38***	−12.59	1.10***	17.01
LNYTZ	0.52***	12.00			1.21***	8.91	−0.55***	−7.41
LNYXQ	−0.39***	−12.59	0.70***	8.90			0.46***	15.43
LNYHY	0.87***	17.01	−1.54***	−7.39	2.18***	15.43		
LNWHHX	−0.07***	−5.64	0.13***	4.81	−0.19**	−5.94	0.09***	6.37
LNWHTZ	−0.08***	−4.13	0.13***	3.46	−0.24***	−6.60	0.10***	5.35
LNWHXQ	0.13***	8.69	−0.22***	−6.73	0.34***	17.47	−0.15***	−10.85
LNWHHY	0.00	−0.41	0.01	1.13	0.01	0.61	0.00	−0.49

注：**、*** 分别表示在5%和1%的显著性水平下显著。

3. 经济增长对文化产业的空间溢出效应

本部分以某一功能区的文化产业为因变量，其他功能区的经济增长、文化产业为自变量，利用联立方程模型研究四大功能区的经济增长对文化产业的空间溢出效应，结果如表7所示。

表7　经济增长对文化产业的空间溢出效应

	LNWHHX	t 值	LNWHTZ	t 值	LNWHXQ	t 值	LNWHHY	t 值
C	20.13***	5.07	14.06***	5.20	−11.47***	−9.49	−12.58	−0.82
LNWHHX			−0.64***	−4.48	0.54***	5.95	0.27	0.34
LNWHTZ	−1.19***	−4.48			0.73***	8.69	1.95**	2.21
LNWHXQ	1.73***	5.95	1.24***	8.73			−1.17	−0.95
LNWHHY	0.05	0.54	0.14**	2.60	−0.05	−1.27		
LNYHX	−12.11***	−5.64	−7.10***	−4.13	6.57***	8.60	−6.10	−0.67
LNYTZ	6.10***	4.83	3.30***	3.48	−3.26***	−6.75	6.50	1.38
LNYXQ	−5.07***	−5.94	−3.41***	−6.60	2.87***	17.40	1.31	0.36
LNYHY	11.14***	6.37	7.28***	5.35	−6.21***	−10.66	−2.03	−0.25

注：**、*** 分别表示在5%和1%的显著性水平下显著。

< 242 >

后　记

　　文化与经济是相辅相成的，经济是文化产生的基础，文化促进经济的发展。北京丰富的文化资源和快速发展的文化产业为研究文化产业影响经济发展的路径机制打下了坚实的基础，具有无可替代的典型性和代表性。本书从策划到成稿历经两年之多，是一本兼具知识性和学术性的书籍。我们阅读了大量的文献资料，搜集了丰富的数据，进行了严密的实证研究。在成书的过程中，我的学生也参与了进来，具体负责的章节为：第一章（21 级会计专硕陈柳柳），第二章（21 级会计专硕王浩宇），第三章（21 级会计专硕高增鑫），第四章（21 级会计专硕王梦琦），第五章（19 级文化管理专业李菁），第六章（21 级传媒经济管理研究生黄新城）。研究出版社刘春雨和寇颖丹老师为本书的修改提出了很多宝贵意见，在此一并表示感谢。

　　当然，由于水平有限，本书还有许多不足之处，期待在今后的研究中改进。

罗崇华

2022 年 11 月于印苑

< 243 >